国家出版基金项目
NATIONAL PUBLICATION FOUNDATION

西安城墙遗产保护与研究丛书

主编 ▪ 范明 杨进

西安城墙保护范围微地质条件研究与应用

李俊连 刘 海 王 伟 ——• 著

西安出版社

图书在版编目（CIP）数据

西安城墙保护范围微地质条件研究与应用 / 李俊连，刘海，王伟著 .— 西安：西安出版社，2022.9

（西安城墙遗产保护与研究丛书 / 范明，杨进主编）

ISBN 978-7-5541-5838-8

Ⅰ . ①西⋯ Ⅱ . ①李⋯ ②刘⋯ ③王⋯ Ⅲ . ①城墙—旧城保护—地质环境—研究—西安 Ⅳ . ① K928.77 ② X141

中国版本图书馆 CIP 数据核字（2021）第 273344 号

西安城墙保护范围微地质条件研究与应用

XI'AN CHENGQIANG BAOHU FANWEI WEIDIZHI TIAOJIAN YANJIU YU YINGYONG

李俊连 刘 海 王 伟 **著**

出 版 人：屈炳耀
出版统筹：李宗保　贺勇华
策划编辑：张正原
审　　稿：金普军
责任编辑：乔志华　赵春荣
责任校对：卜　源
责任印制：尹　苗
装帧设计：西安飞铁广告文化传播有限公司

出版发行：西安出版社
社　　址：西安市曲江新区
雁南五路 1868 号影视演艺大厦 11 层
电　　话：（029）85253740
邮政编码：710061

印　　刷：中煤地西安地图制印有限公司
开　　本：787mm × 1092mm 1/16
印　　张：11.75
字　　数：156 千
版　　次：2022 年 9 月第 1 版
印　　次：2022 年 10 月第 1 次印刷
书　　号：ISBN 978-7-5541-5838-8
定　　价：98.00 元

《西安城墙遗产保护与研究丛书》编委会

作者简介

李俊连

教授级高级工程师，注册土木工程师（岩土），现任机械工业勘察设计研究院有限公司文物保护研究所所长，主要研究文物保护中的岩土与结构问题。相关成果获陕西省科技进步奖一等奖1项、省部级工程奖9项，出版专著2部，发表论文10余篇，授权专利4项，参编国家标准1部。

刘海

西北大学文物与博物馆专业硕士研究生，现为西安汉长安城文化发展（集团）有限公司副总经理。参与遗产保护与文化传承工作多年，主要研究方向为遗址保护与城市融合发展，牵头遗址保护展示、古建维修、文保监测、陈列展览等多项国家重点文物保护项目，组织参与《明清民国西安城墙维修保护史》《西安城墙病害监测分级预警体系》等课题研究工作，编著《西安城墙》等专业书籍3部。

王伟

高级工程师，一级建造师、注册土木工程师（岩土），2010年进入机械工业勘察设计研究院有限公司工作。主要从事文物保护岩土工程工作，曾获得2项省部级优秀勘察奖。

总序

城墙，是远古先民告别蒙昧、进入文明时代的要素之一。它是古代城市的重要构成要素，不仅具有防御性功能，更是社会经济文化发展的重要载体和政治统治的象征。中国幅员辽阔，历史绵长，疆域的相对稳定和文化发展的延续性成就了一脉相承的东方文明，筑造了数目众多的城垣建筑。然而，由于战火和岁月的侵蚀，宋元及更早时期的古代城市城墙大多湮没于地下或仅保留基址和残段。能够基本完整保留至今的西安城墙，成为体现我国古代城垣建筑的重要代表。

西安城墙是明洪武三年至十一年（1370—1378）在唐长安皇城的基础上扩建而成，轮廓呈封闭的长方形，周长13.74千米，是现存规模最大、保存最完整的古代城垣建筑，更是千年古都西安最重要的标志性古建筑，展现了中华民族在政治、军事、建筑、科技、文化等领域的杰出成就，见证了西安城市发展过程中具有转折意义的重要事件，成为第一批全国重点文物保护单位。经过整体保护和环境整治后的遗产景区——西安城墙，形成了与现代都市环境和谐共存的独特历史文化景观，体现出东方文明持久的生命力，是中华民族当之无愧的文明瑰宝。

西安城墙环绕围护着古都西安，似阅尽沧桑的老人沉稳淡定、默默无言，把无数历史秘密深藏在厚重斑驳的青砖之间。2015年2月，中共中央总书记、国家主席、中央军委主席习近平在西安城墙考察调研时指出：“这是世界级的宝贝，要保护传承好。”古老的西安城墙如何在新时代承担起展示历史遗存及古代文明，弘扬中华文化、古城文化及构建西安当代文明的光荣使命，是新一代城墙工作者的历史责任。因此，加强对西安城墙的研究和保护，就成为一项重要而又迫切的任务。

为了更好地保护和传承西安城墙的历史文化，实现遗产的保护、利用和可持续发展，西安城墙的遗产保护团队总结多年来的研究和工作实践，组织编写了《西安城墙遗产保护与研究丛书》，全面揭示城墙遗产的历史、价值以及保护与管理的状况，不仅弥补了明清民国时期西安城墙历史研究的短板，而且系统性地对唐长安城含光门遗址防渗工程等近年来西安城墙文化遗产的保护实践工作进行了梳理，提炼出可供全国众多城墙遗址保护参照借鉴的经验、办法和实用（关键）技术。同时，总结阐释了西安城墙保护概论，整理了微地质环境等基础资料，特别是对文保工作新理念在实际工作中的应用进行了提炼升华，率先创造性地提出了文物本体安全四色分级预警体系，迈出了西安城墙践行预防性保护理念的关键一步。

本套丛书以翔实、可靠、丰富的内容反映遗产的构成、价值、特点和保护实践，坚持科学、系统地描述遗产，以充分的资料展示良好的保护和管理现状，力求诠释西安城墙的历史文化价值及独有的文化魅力。同时，以专业的视角、通俗的语言，深入浅出地从城墙建设保护史、遗产监测、地质条件、文保工程技术、预防性保护等多维度、深层次、系统性地展开探讨研究，既有理论深度，又与遗产保护实际工作紧密联系，展现了当代西安城墙文化遗产保护传承工作的业绩和水平。

如今，文化遗产保护传承的国际关注度日益提升，已成为全人类共同关注的话题和刻不容缓的任务。出版《西安城墙遗产保护与研究丛书》就是用行动落实好习总书记殷殷嘱托的重要举措，也是我国明清城墙联合申报世界文化遗产的题中之义，希望本套丛书也能为我国文化遗产的保护传承事业作出实质性的贡献。

安家瑶

2022 年 6 月

目录

第一章 概况

西安城墙是国内现存城墙中规模最大、保存最为完整的城墙之一，具有十分重要的历史、艺术和科学价值，是西安的重要名片，也是中国城墙的重要代表。西安城墙由于其特殊的历史地位和地理位置，成为西安构建世界文明古都、创建历史文化名城的重要依托，是彰显西安历史文化特色的重要文物之一，在西安建设具有历史文化特色的国际化大都市进程中的发挥着重要作用。西安城墙墙体、护城河及周边环境见图1-1。

然而，六百余年来，自然环境和历代人类活动对西安城墙造成了很大的损坏，城墙本体的病害主要为墙体纵向裂缝、海墁横向裂缝、海墁上土体与城砖脱空、海墁沉陷局部积水严重、侧墙墙体向外鼓胀变形等，同时墙体内还有约2000孔防空洞。怎样继承和保护西安城墙，是我们这一代人所共同面对的难题和挑战。

第一节　西安城墙保护范围及地质条件分级评估

依据《西安城墙保护条例》第九条：西安城墙保护范围为城墙墙体、城门，城墙内侧20m以内，城墙外侧至护城河外沿的区域和东、西、南、北城门内外侧的广场、绿地。西安城墙建设控制地带为城墙内侧20m至100m的区域，以及护城河外沿180m以内的区域。

根据对西安城墙保护区域的填土厚度、湿陷性分区、沉降监测数据三个方面进行综合评价，对城墙保护范围地质条件进行整体评估。评价分类指标及赋值见表1-1，整体评估分值见表1-2。总评估分值见图1-2。

图 1-1　西安城墙墙体、护城河及周边环境

表 1-1 城墙保护范围地质条件评估分类指标及赋值

填土厚度	湿陷性	沉降预警	赋值
$d \leqslant 3$m	Ⅰ级非自重	绿色	5
3m$< d \leqslant$6m	Ⅱ级非自重	黄色	10
6m$< d \leqslant$10m	Ⅱ级自重	橙色	15
$d >$10m	Ⅱ级自重以上	红色	20

注：未设置监测点的马面沉降预警赋值统一为5。

表 1-2 城墙保护范围地质条件整体评估分值表

整体评价	分值（F）
良好	$F \leqslant 15$
一般	$15 < F \leqslant 30$
较差	$30 < F \leqslant 45$
差	$45 < F \leqslant 55$

由图1-2可知，西安城墙保护区域地质条件大部分属于地质条件一般；1号马面、9号马面、13号—14号马面、24号马面、36号—39号马面、71号—74

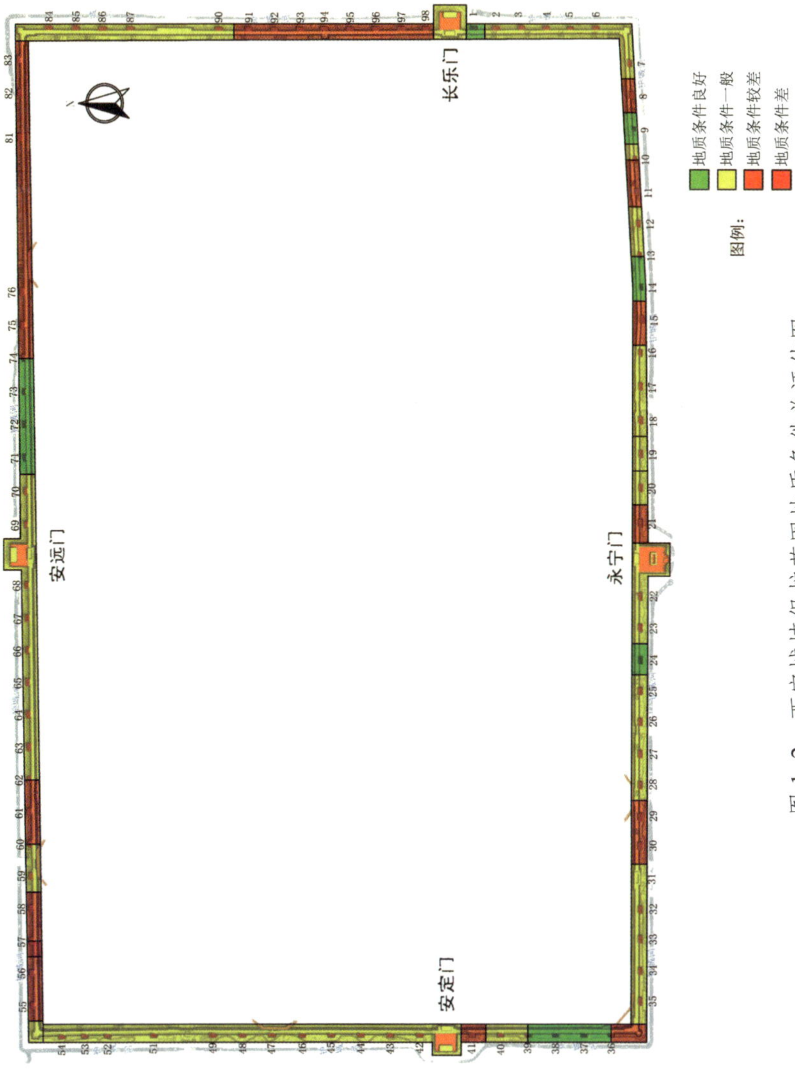

图 1-2　西安城墙保护范围地质条件总评估图

号马面属地质条件良好；8号马面、10号—11号马面、15号马面、21号马面、29号—30号马面、西南城角、41号马面、55号—58号马面、60号—62号马面、74号—83号马面、91号—98号马面属地质条件较差；57号马面属地质条件差。

第二节　病害与地质作用的关系

通过西安地质特点和多年来对西安城墙的研究，笔者认为西安城墙所遭受的病害主要是由于地裂缝活动、黄土湿陷和地震等地质作用引起的。

关于西安地裂缝的危害，自20世纪50年代出现地裂缝活动开始对建筑物产生破坏以来，西安市已有数百幢楼房遭到地裂缝的破坏，特别是进入20世纪80年代以来，由于过量抽取地下水导致的地裂缝两侧不均匀地面沉降进一步增大了地裂缝的活动和破坏强度。地裂缝造成了街道变形、马路损坏、地下管道开裂等多种危害。地裂缝现象在世界许多国家和地区都有发现，其发生频率和灾害程度逐年加剧，美国、中国、新西兰、意大利等国家均有不同程度的地裂缝灾害发生。西安市是我国最早发现地裂缝的城市，地裂缝对周边建筑物的影响很大，西安城墙横跨四条地裂缝。要全面掌握裂缝附近墙体差异沉降情况，就必须对城墙保护范围内的地裂缝范围、走向进行调研梳理，清晰、准确地掌握由地裂缝引起的城墙安全隐患部位。

水是众多文物病害产生的根本原因之一。刘佑荣等[1]通过大量现场地质调查，得出结论：大型平原土体遗址最重要的病害是地下水位波动对遗址及其文物造成腐蚀和破坏，即水害。因此治水工作是遗址原地保护的关键，也是其后续保护措施得以实施的前提条件。

西安城墙坐落于黄土之上，黄土是一种第四纪沉积物，具有特定的工程特性，其中最为显著的就是黄土湿陷性。黄土的湿陷性对其分布区的工程建设活动常常造成巨大的危害，常能引起对工程建筑物的破坏，它可直接引起土质边坡滑塌、路基下沉、房屋下沉开裂等不良工程地质现象，对工程建筑极具破坏性。

地震也是影响文物安全的重要地质灾害之一。陈永明等[2]对麦积山石窟附近地区断裂活动特征、地震活动特征以及历史地震对石窟造成的破坏和影响等综合分析结果表明：麦积山石窟附近活动断裂密布，地震活动强烈是麦积山石窟危岩病害存在的主要原因。西安位于多个次级断块之间，差异活动显著，活动断裂发育，是中国主要的地震、地质灾害活动区之一。关于地震的危害很早就有多处记载，如西汉惠帝时，“五月城中地陷三十丈。六月地拆家陷死，八月地裂广三十六长百三十丈”。1468年，“六月咸宁地裂，倾陷压房屋墙垣无数”。由此可见，地震给城墙带来巨大的破坏力。

通过调研西安城墙区域的勘察资料，城墙裂缝等病害产生的主要原因是湿陷沉降、地基承载力不足、含水量偏高等。为了有针对性地对病害进行处理，更有效地对西安城墙进行保护，查明城墙保护范围的地质情况已成为当下的迫切需求。

第三节　国内外研究现状

工程地质调查早已广泛应用于各行各业，如王昭文[3]在《大型矿产资源基地综合地质调查分析》中，对大型矿产资源基地开展综合性的地质调查，不仅能够节约矿产资源，同时能够提高其综合利用率，符合我国生态文明建设的需求，由此可见工程地质调查的重要性。工程地质调查研究在文物保护中起到不可或缺的作用，如韩文峰等[4]在《初议文物古迹保护工程地质学构架》中探讨了文物保护工程地质学，并阐述了其在文物保护中的重要意义。李耀刚等[5]在《岩土工程勘察新领域——文物保护勘察的特点、工作方法和发展方向》中阐述了对文物现状和病害的诊断分析必须从岩土体宏观的地形地貌、工程地质、水文地质特性和微观的岩石表面风化研究入手。在城墙保护方面，吴超英等[6]在《古城墙变形破坏模式分类及识别》中结合数值模拟分析方法，着重说明水对城墙变形的显著影响。

许多文物保护工作也都是通过地质调查入手，查出病害隐患所在，如宗静婷[7]研究了广元千佛崖摩崖石刻的环境地质问题，从而找到病患所在；李俊连等[8]通过对大佛寺的地质调查，探明其病患成因。近年来对西安城墙病害勘察的工作开展较多，积攒了大量的勘察数据。机械工业勘察设计研究院（以下简称“机勘院”）自2006年开始，对城墙病害严重区段进行地质勘察，如李俊连等[9]在《西安城墙地铁二号线穿越区段现状勘察简介》中对城墙地铁开挖段勘察现状做了描述。郑建国、李俊连、钱春宇[10]在《西安城墙现状与保护》中对城墙总体勘察现状做了介绍。机勘院多年来对多个马面进行勘察、变形监测及评估工作，积累了丰富的数据，这些数据资料是本书编写的重要基础，对本书的顺利成稿起到良好的保障作用。

第四节　研究内容及思路

一、研究内容

在整理、归纳大量西安城墙病害勘察数据和护城河环城公园改造勘察数据的基础上，综合利用机勘院大西安数据库搜集保护范围内的不良地质分布情况，并辅以现场踏勘调研、土工试验等手段，得出西安城墙保护范围内的工程地质条件特征及分布。

具体研究内容如下：

1.搜集机勘院历年来城墙勘察数据，分析归纳城墙的地质地貌和城墙土体物理性质、地下水位等信息，并选取典型区域土样进行土工试验。

2.综合分析归纳环城公园护城河改造勘察数据，分析归纳护城河范围内的地质地貌和护城河范围内的土体物理性质、地下水位等信息。

3.搜集归纳城墙保护范围内的地裂缝范围及走向，并在现场调查确定其位置。搜集历史城墙地震震害资料，归纳不良地质作用影响。

4.搜集城墙保护范围内及相关区域的黄土湿陷性范围和等级资料，对典型区域选取土样进行土工试验。

5.钻探完成3个水文探测井，进行2017年至2019年的水位观测。汇总2017年之前勘察水位资料，查明地下水位变化情况。

6.编写研究成果，绘制研究区相关图件：（1）地形、地貌单元分区图；（2）地裂缝分布位置图；（3）湿陷性黄土分布图；（4）保护范围内的标准地层图。

二、研究思路

本书将充分利用多种研究方法来解决难题，达到研究目的。具体思路如下：

1.数据整理归纳：搜集以往相关勘察、不良地质等资料。包括如下：（1）机勘院以往的城墙相关勘察数据；（2）环城公园护城河改造勘察数据；（3）城墙保护范围内的地形地貌资料；（4）城墙保护范围及相关区域的地裂缝资料；（5）城墙保护范围及相关区域的黄土湿陷性资料；（6）环城墙一周地下水位观测孔勘察资料。

2.现场踏勘：不良地质条件踏勘调查，查明地裂缝位置、走向，查明湿陷性黄土范围与湿陷等级。

3.土工试验、水文观测：选取典型区域土样进行土工试验，对水文观测孔的数据进行采集。

4.绘制图件，汇总分析。

5.西安城墙保护范围地质条件总结。

本书的技术路线图详见图1-3。

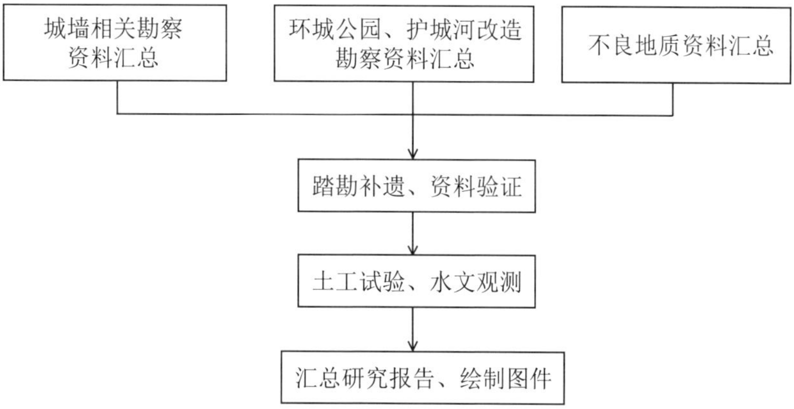

图 1-3 技术路线图

第二章

地形地貌变迁

第一节　地形地貌演化史

西安市所在的区域大地构造部位属于渭河断陷盆地之西安凹陷。西安断陷区自上更新世晚期被三门湖占据，早更新世湖水面积更大，中更新世三门湖开始萎缩，于中更新世晚期，大约距今15万年，三门湖的主体逐渐退出西安断陷区。如图2-1。

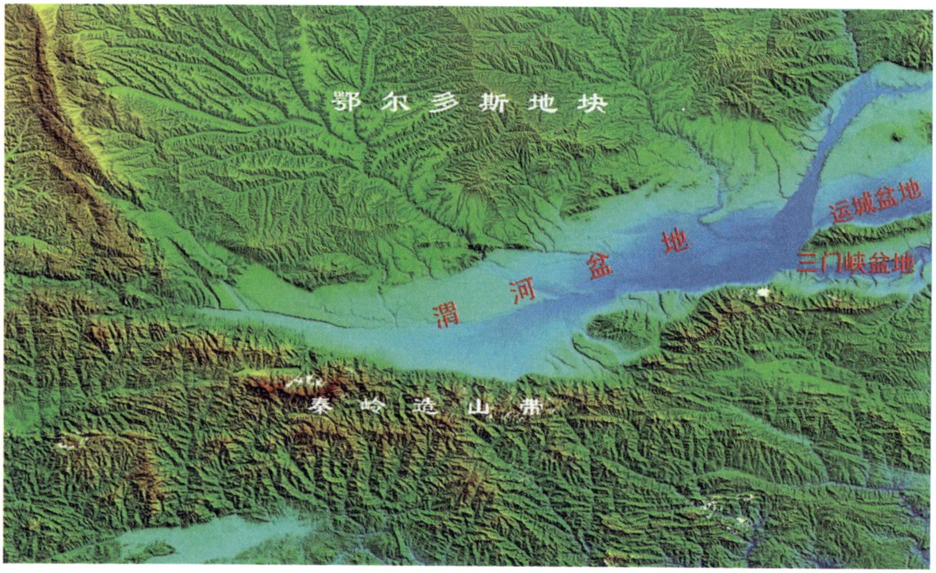

图 2-1　渭河盆地地貌图

三门湖的萎缩与华中地区大地构造活动有关，此时地质作用骊山隆起，湖水自东南向西北逐渐退缩，白鹿原于最早期露出水面，各湖相沉积露出水面后，在其上堆积发育黄土地层。因此西安地区下伏地层是湖相地层，由于地质作用，黄土覆盖层发育的时间不一致，形成了一级、二级、三级台地，四级、五级阶地。南起秦岭，北至渭河，西安地貌可分为五个区：秦岭山地、山前洪积倾斜平原、黄土塬、洪积湖积台地和渭河阶地及支流阶地，详见图2–2。

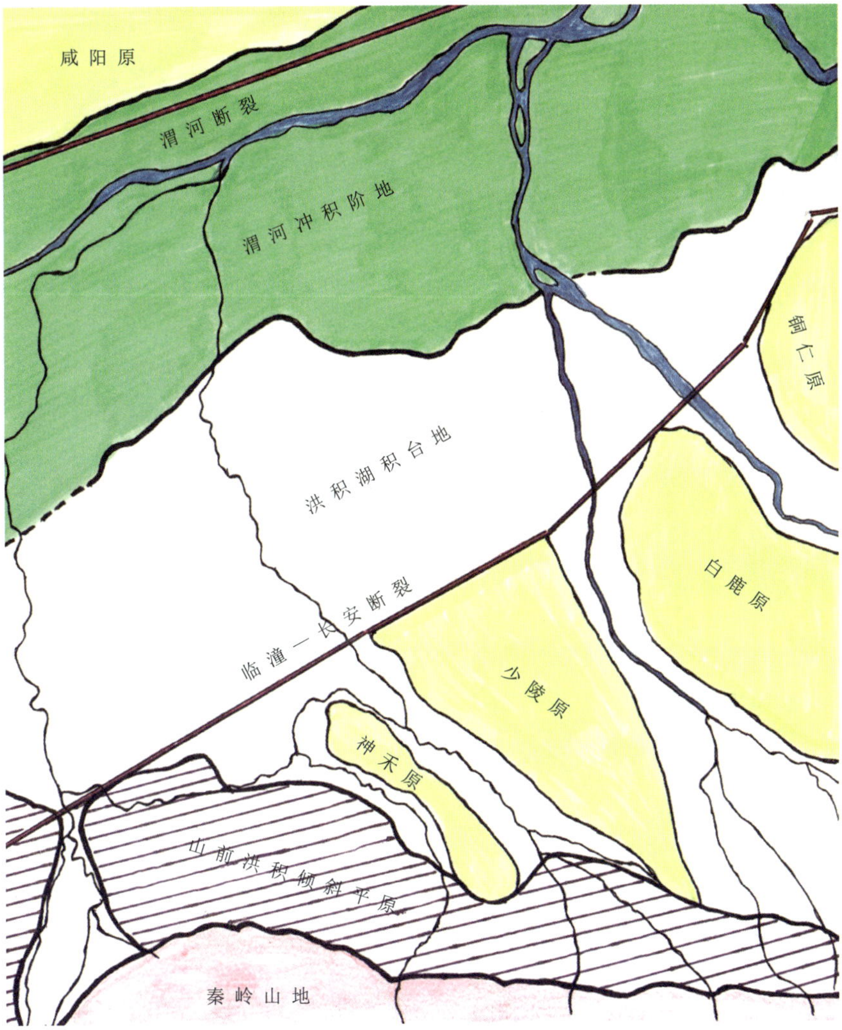

图2–2　西安地貌略图（张家明　绘）

隋代宇文恺把《周易》的乾卦卦象与理论运用到都城的设计之中，从龙首原北部梁洼相间的天然地形中找出了6条东西向横亘的高坡，以象征乾卦的六爻，并从北向南按初九、九二、九三、九四、九五、上九的顺序排列下来，布置各类建筑，显示出特殊的功能分区。

第一道高坡即初九，为狭义的龙首原，隋朝的宫城大兴宫就建在它的南缘。第二道高坡即九二，为劳动公园黄土梁。因为《周易》乾卦卦辞中称“九二”是“见龙在田”，象征着“真龙”出现在地上，因此，只能在“九二”高地上布设宫殿，“以当帝王之居”。这就是太极宫城的设置。第三道高坡即九三，为槐芽岭黄土梁，在宫城之南，被认为是“君子终日乾乾，夕惕若厉”的地方，把政府机关安排在这里，自然可显示文武百官效忠皇帝，努力工作的情况。因此，集中了行政办公机构的皇城就布置在紧靠宫城的南侧。宫城皇城占据有利地形，又与市坊隔离，除考虑防御安全外，也有便于工作的意义在内。所谓“皇城以内，惟列府寺，不使杂居，公私有辨，风俗整齐，实隋文之新意也”，就是说这种创新。九五高地的东部，南有乐游原，北有胭脂翡翠坡，是隋唐长安城中的著名之区。乐游原海拔450m，是城内地势最高的原头，登上原顶可以俯瞰全城风光，“京城之内，俯视指掌”。宇文恺在原南侧建立灵感寺，用于追祭修城时搬迁坟墓主人们的幽灵，这就是后来唐代著名的青龙寺。而对原面却基本不做处置，空下来供给京城市民登高游乐之用。胭脂翡翠坡在今西安交通大学校园范围，是隋唐长安城歌妓的集中居地。上九是大雁塔黄土梁，隋代也设寺观于高冈，唐初发展成著名的大慈恩寺，今存大雁塔即唐时的建筑。

唐朝六爻坡地穿越西安城墙位置见图2–3所示。如图可见，古六爻中九二、九三穿越现西安城墙，九四位于现城墙东南城角附近。

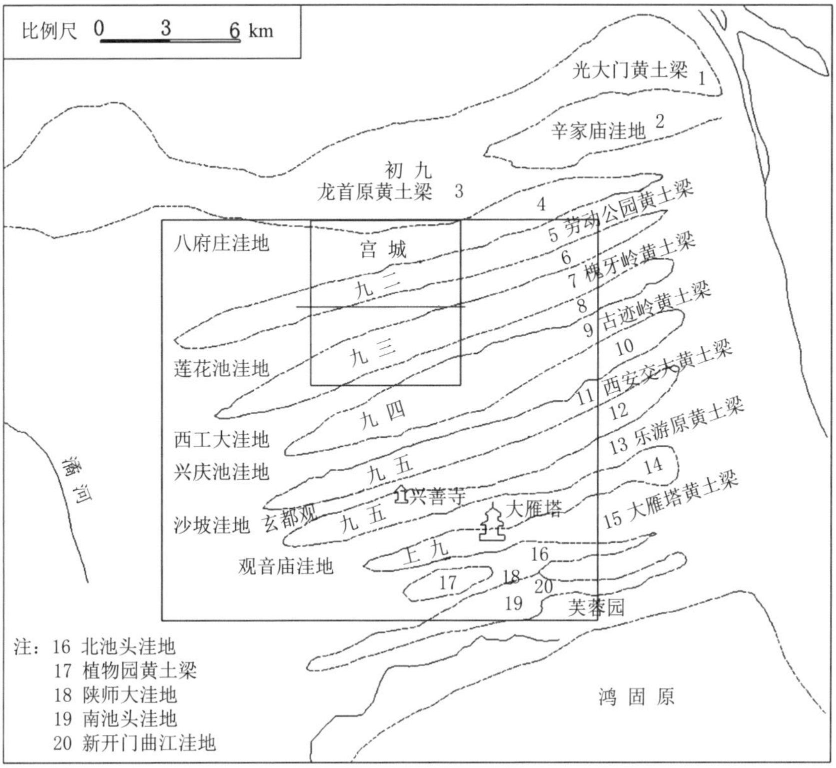

图 2-3　唐朝六爻地貌图

（据李令福《隋唐长安城六爻地形及其对城市建设的影响》一文插图所绘）

第二节　长安城的变迁

一、隋唐长安城

（一）兴建

公元581年，杨坚迫使北周静帝禅位于己，建立隋朝，是为隋文帝，登基称帝后暂居汉长安城。但是此时的汉长安城距离创建（前206）已近八百年，城内生活污水汇聚不散，导致“水皆咸卤，不甚宜人”[11]。开皇二年（582）六月，隋文帝任命左仆射高颎为营新都大监，太子左庶子宇文恺为营新都副监，太府少卿张为营新都监丞，共同营建新都。虽名义上以高颎为大监，实际上“凡所规划，皆出于（宇文）恺”[12]。

宇文恺（555—612），字安乐，朔方夏州人，是隋朝著名的建筑和水利专家[13]，先后主修过大兴城、东都洛阳城以及长安至黄河的人工漕渠广通渠等工程。在接到隋文帝营建新都的命令后，宇文恺对龙首原的地形地势进行勘察，发现龙首原南麓六条余脉隐隐凸起，形成六条高坡，暗合《周易》中的乾卦卦象，于是附会《周易》，自北向南，将各高坡赋以“初九”“九二”“九三”“九四”“九五”“上九”之意，并据此对全城进行了规划。

据唐人李吉甫《元和郡县图志》记载：“隋氏营都，宇文恺以朱雀街南北有六条高坡，为乾卦之象，故以九二置宫殿以当帝王之居，九三立百司以应君子之数，九五贵位，不欲常人居之，故置玄都观及兴善寺以镇之。”[14]隋唐长安城的规划可以说是自然环境与人文环境相结合的成功案例，宇文恺按照城内六坡高地之势，将宫殿、庙宇、百司、王宅等重要建筑布置于高坡的坡头之处，稍低的地方建百姓居住生活相关场所，高坡之间的低洼地带则多开辟成湖泊，并建亭台楼阁形成园林，以供皇家或者百姓平日游玩。整个城市布局错落有致，突破了呆滞的平面布局，形成立体式空间布局，充实了城市的“天际线”，充分利用了城市地形，既增强了城市整体布局的空间美感，同时也突出了皇权的尊贵。

城内六条高坡均呈西南—东北走势，其中九二、九三高坡分别穿越宫城与皇城，马正林[15]以《雍录》中的“六爻图”为基础，做出长安城六爻地形图，李令福在此基础上结合《西安地区环境地质图集》中的地图资料绘制出较为精确的隋唐长安城中的六爻地形示意图，如图2–3所示。

此外，在规划兴建大兴城时，隋文帝认为官民杂居“不便于事，于是皇城之内惟列府寺，不使杂居，公私有辨，风俗整齐”[16]。利用城墙将宫城、皇城与郭城隔离开来，改变了以前“宫室与百姓杂居”的情况，充分体现了“筑城以卫君，造郭以居民”的建城思想。而将百官衙署均建在宫城南面的皇城之内，进一步加强了对官僚机构的集中管理，方便政令的执行；与此同时也方便了百姓在郭城中居住生活。

（二）发展

隋大兴城开皇二年（582）六月动工，至次年三月基本完成，历时仅九个月，是“先筑宫城，次筑皇城，次筑外郭城”[17]，外郭城城墙后经隋炀帝大业九年（613）三月征壮丁十万余才完成[18]。

唐长安城基本沿用隋大兴城的旧制，同时不时加以增修，最终确定隋唐长安城的基本布局与规模，隋唐长安城平面示意图见图2–4。整个城市布局严整，规模空前，城内整体布局由北至南依次为宫城、皇城和外郭城，三城共一北城墙，宫城与皇城之间不筑城墙，仅以一百余米的大街相隔。以皇城南面的朱雀大街为界，东西各领五十四坊并各一市。其中皇城东西两侧东西均占三坊之地，“南北皆十三坊，象一年有闰”[19]。皇城正南自西向东列有四坊，“以象四时”；自北向南各排列有九坊，“取则《周礼》‘王城九逵’之制”[20]。全城共计一百零八坊及东西两市，坊市沿着中轴线朱雀大街左右对称排列，各相应位置的坊市对应面积大小、形制基本一致，整个长安城布局“棋布栉比，街衢绳直”，恰如白居易诗中所言“百千家似围棋局，十二街如种菜畦”。

据李好文《长安志图》记载，长安城“外郭城东西十八里一百十五步，南北一十五里一百七十五步，周六十七里；皇城东西五里一百一十五步，南北三里一百四十步；宫城东西五里，南北二里二百七十步，周十三里一百八十步”。经考古发掘实测，全城面积实际约为84km²，约为今西安城墙之内面积（8.7km²）的9.7倍。

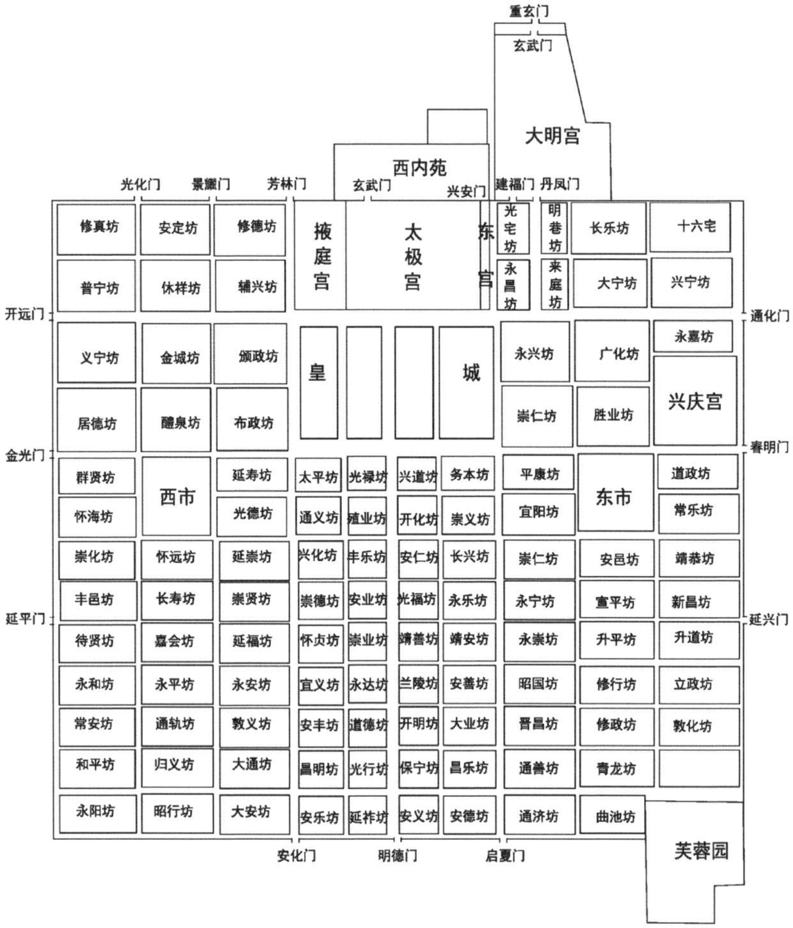

图 2-4　隋唐长安城平面示意图

隋唐长安城是当时世界上规模最大、最繁华的都会城市，是东西方文化交流活动的中心。各国使节、学者、高僧、艺术家、商贾和留学生络绎不绝、纷至沓来，在长安城鼎盛时期，人口更是多达百万之巨。长安城内的佛道寺观数以百计，此外还有景教、祆教、摩尼教等诸多外来宗教的庙祠。长安城的规划建制成为周围许多国家争相效仿的对象，如日本的平城京、平安京，渤海国的上京龙泉府等都是如此。

（三）衰败

唐末天祐元年（904），原黄巢叛将军阀朱温胁迫唐昭宗迁都洛阳，强令长安百姓随之一同迁居，同时拆毁宫殿、衙署以及百姓的房屋，将所得木材顺流而下运送至洛阳，导致长安城生灵涂炭，满目疮痍，长安自此变成废墟，“岂知万顷繁华地，强半今为瓦砾堆”，子兰的这首《悲长安》便是长安被朱温破坏后破败不堪的真实写照。

长安城被毁后，留守于此的佑国军节度使韩建为了便于防御和管理，将长安城“去宫城，又去外郭城，重修子城（皇城）”，将其改筑为“新城”。根据文献记载，韩建改筑新城的内容主要包含以下几个方面。

1.皇城之北、宫城之南原是一条宽阔的“横街”，此街宽300步，合441m，实际上已是宫城与皇城之间的广场。韩建在此处新筑城墙，作为新城的北城墙，东、南、西三面则沿用唐皇城城墙，并于北墙新开一北门，即玄武门。

2.皇城东、西面原各开二门。其中东面的两门，南名景风门，北名延喜门。西面的两门，南名顺义门，门址被今西城门所压；北名安福门，门址在今西门和玉祥门之间。韩建封闭延喜门和安福门，使得东西各剩一门，即东门景风门和西门顺义门。

3.皇城南面原开有三门，正南名朱雀门，其门址在1983年重修西安城墙时被发现，位于今大保吉巷南口偏东的城墙下，由五个门洞组成。东面的门名安上门，门址被今西安城南门所压。西面的门名含光门，门址现在博物馆展示。韩建改建后，南门仅剩含光门与安上门。据1986年的考古发掘显示，含光门的平面形状为长方形，东西长37.4m，南北宽19.6m；中开三门道，两端为墩台；门道两侧各有柱础15个，础石上原立有排叉柱，可能上施承重枋、架过梁，其上再施小梁以达门道顶部；门道的高度7m以上；排叉柱之间砌砖壁，外抹白灰，底部绘有赭色线角；从残留的遗迹来看，当时的木质门板上还安有铁门钉；唐末含光门曾被烧毁，当时中西二门洞加上夯土封闭，东门洞到宋代还使用过，宋代以后也被封闭。含光门遗址现已被保护起来，2008年成立西安唐皇城墙含光门遗址博物馆，以供参观。

4.建成的新城形制为内外两重城，面积为5.2km^2，仅为唐长安城面积的1/16，城内街道的格局仍保留了隋唐皇城的基本面貌。当时，在城外东西两侧还建有两座小城，东为万年县（大年县）治所在，西为长安县（大安县）治所在。这东西两座小城对大城起着护卫作用，也是明清时期四门郭城的前身。

唐末五代时期，长安已不再是国家的首都，虽然政区名字经常变化，但是新城的规模基本未有所改变。

二、宋元府城

进入北宋以后，战火逐渐平息，社会出现了一段相对稳定的发展时期，关中地区的经济也得到复苏与发展，这些大大推动了城市的建设与发展。到北宋神宗熙宁年间（1068—1077），城中居民已逾万户，街市店肆林立，商旅会集，工商业颇为兴盛，各种名目的寺、观、祠、庙遍布城中，呈现出一派繁荣景象。因西安为京兆府治所在，故北宋时称京兆府城；又因永兴军路的治所也在城中，故也被称为永兴军城。北宋时期的京兆府城的城垣完全沿袭了前代新城的旧制，城门的位置和名称也未改变。

此时，西安虽然已久不为都城，但仍为西北军事重镇兼西北重要的政治、经济中心，是北宋王朝的西北门户，具有重要的意义，因而历任地方主管官员均十分重视对城防的建设。据《宋史》记载，在宋仁宗时期（1023—1063），为了防范西夏的侵扰，主管永兴军的资政殿大学士范雍不顾真宗令其停止修城的诏令，坚持完成了对西安城墙的全面修缮和加固，而第二年西夏进犯定州的事实也恰恰证明了范雍的先见之明[21]。此外，宋代的西安城外已经有护城河存在，极大增强了城池的军事防御能力。据《类编长安志》记载，宋真宗大中祥符七年（1014），经知永兴军陈尧咨的提议，“开渠（龙首渠）引注入城，散流廛，出纳城壕，阖城尽食甘水”。

金代沿用宋制，设京兆府路，仍沿用宋京兆府城。1996年，兴建钟鼓楼广场时，在一口废弃的井中发现了279方金代官印[22]，大约是金末府城失陷前被弃置其中的。金世宗大定二十一年（1181）改万年县为咸宁县，此后这个县名即被沿用。

元朝建立之后，元世祖至元九年（1272）封皇子忙哥剌为安西王，出镇关中，治京兆。至元十四年（1277），改京兆府为安西路总管府，京兆府城也因此改为安西府城。同时，安西王还在府城东北浐河之西营建王城，名安西王府，亦即所谓的“斡耳朵”，这与明朝时将王府城建于大城之内的做法不同。元成宗大德十一年（1307），安西王阿难答因谋反被废，后至仁宗皇庆元年（1312），安西总管府城被改为奉元路，故而安西府城也就改称为奉元路城。

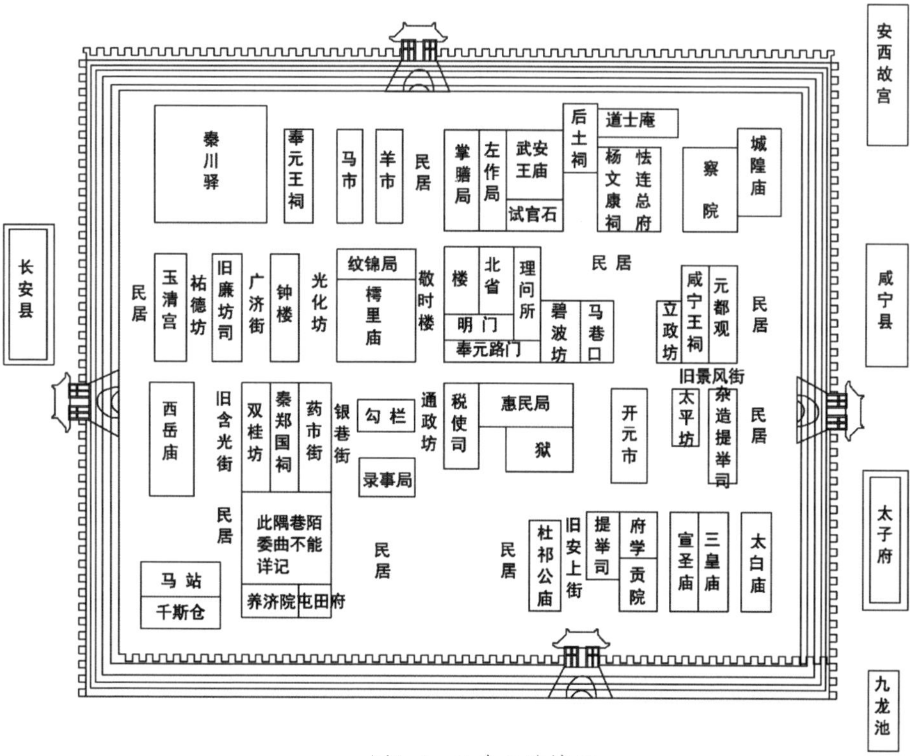

图2-5 元奉元路城图

元奉元路城的规模较之前代并无改变，只是此时已彻底封闭了南面的含光门，使城垣四面各仅有一门，城门名称依然沿用前代，即东门景风、西门顺义、南门安上和北门玄武四门。咸宁、长安两县的治所仍旧分布在城外东西两侧。当时的奉元路治所即在今钟鼓楼广场一带，同时效仿大都（今北京）制度，在城内建造了钟鼓楼。鼓楼所在位置大约与今鼓楼相同，在当时被称为“敬时楼”；钟楼在今广济街一带。“敬时”二字取自《尚书·尧典》中的“敬授人时”或“敬授民时”，它的原意是将历法告知百姓，使其不违农时，因鼓楼本身有报时的作用，故以“敬时”寓意。经过五代、宋、金时期，到元代，奉元城已经十分繁荣兴盛，意大利人马可·波罗在他的

《马可·波罗行纪》中称赞这座城市，实在是大而好看，工商业发达，生产各种金丝布帛及军工器械，尤以丝织品最为著名。

元奉元路城既是奉元路治地，又是陕西行省、陕西行御史台署衙所在。陕，本为古地名，其地在今河南陕县，西周时期为周、召二公分治处。《公羊传·隐公五年》：“自陕而东者，周公主之；自陕而西者，召公主之。”宋代置陕西路，以其在陕原以西而名，从此也就有了陕西之名。元代置陕西行中书省，明代改为陕西布政使司，在清代以来称陕西省。由于陕西行省初为陕西四川行省，辖区包括西北、西南大片地区，后分立四川行省，陕西行省则辖有今陕西及甘肃兰州以东的广大地区。而陕西行御史台则一直负责陕西、四川、云南、甘肃四道的行政监察与官吏考核。所以，元奉元路城实际上已成为元代西北兼西南地区的军事重镇和政治、经济、文化中心。

对于元奉元路城的修治情况，虽然没有比较明确的记载，但是从文献记载和考古发掘中推测当时至少对城墙进行了两处较为重大的修整。

一是彻底封闭了含光门，使南面仅存安上一门。

从多年来含光门的考古发掘可以推断，含光门中、西门道毁于唐末战火。后来韩建于天祐元年（904）重新修建子城时，仅修复了东侧的一个门道，至北宋时重修东门道，北宋晚期《游城南记》中仍有“入含光门”的记载。元代，统治者将旧城加以重修，封闭了含光门。李好文的《长安志图》中《奉元路城图》已无含光门，见图2–5。

二是将城墙四个方形城角改为圆形。

从现存西安明城墙来看，仅西南角城墙角台为圆形，而其他的三个城角均为近方形。据资料证明，元末明初西安城的四座城角仍是圆形，在洪武年间扩建西安城时，以西南角为基准，向东、北扩建，最后只保留下西南角一处圆角，今城墙的西南角也就是隋唐皇城的西南角，经历五代、宋、元，其位置并未改变。在隋唐长安城及其他唐代城址中，并未发现有圆形城角的城址，由此我们可以推测西安城墙的圆形城角应当是在唐以后改建的。最有可能的是在元代所建，因在奉元城东北，即今西安城东北约3km处，当时还建有一座安西王府城，当地居民称此城为“达王殿”，或叫“斡耳朵”。据考古勘测可知，“城的四角均向外突出，突出部分的平面近半圆形，直径在20m至30m之间，以其形制及附近堆积的砖瓦来看，城的四角可能有角楼一类的建筑”[23]。笔者认为，西安城的圆形城角应当与安西王有所关联，为了增强防御而将方形城角参照安西王府改为圆形城角是很有可能的。

三、明清时期的西安城墙

明清时期的西安城，地处西北，是联系中原与西北、西南地区的重要关卡、军事重地，深受中央朝廷的重视。朱元璋置临濠（今安徽凤阳）为中都时，也曾以西安作为国都选址之一[24]。在明代，西安秦王府城是当时藩王之首秦王的府第。到了清代，西安满城又是清军入关后最早的屯集重兵之地。

明代是我国城墙建设的顶峰时期，全国范围内筑城活动此起彼伏，民间有俗语“唐塔、汉冢、猪（朱）打圈”，顾名思义，说的是这三种建筑物在各自时代得到较大的发展，是其代表之物，其中 “猪打圈”指的便是明朝修城墙之意，这是因为“猪”与“朱”同音，而“打圈”在关中方言里就是修圈之意，借指筑城。修筑城墙成为明代的一个典型特点，如今许多城市的城墙基本上都是明代开始修筑的，闻名遐迩的明万里长城更是明代修筑城墙的突出代表。

明朝开国皇帝朱元璋之所以会如此注重城墙的建设，大概有两方面的原因：一是对朱升“高筑墙、广积粮、缓称王”计策的继承与延续；二是因为在元末群雄战争中汲取了元朝不注重修筑城墙的教训，他深知城墙在战争中的重要性，江山来之不易，而要守住江山更是不易，“非深沟高垒，内储外备，不能为安”。于是建朝初期便派诸子和亲信大将，在全国掀起修筑城墙的高潮：不仅在全国各郡、府、县所在地建造城池，而且在南北边境建造南北“边墙”，即现在著名的南方的南长城和北方的明万里长城。到了清代，城墙仍然发挥着重要的防御功能。

明清西安城是洪武初朱元璋下令在宋京兆府城和元奉元路城的基础上加以扩筑而成的，延续明清两代，城墙的规模和基本格局基本没有太大变化。在六百多年间，西安城墙与城中之城（明代的秦王府城和清代的八旗满城）、关城、护城河共同构成西安城池防御体系，并作为最主要的防御主体，深受朝廷和地方政府的重视，是朝廷和地方官府屡屡维修、保护的主要城市设施和景观。

（一）明初西安城的营建

关于明初拓城活动，《明太祖实录》中记载如下：

> 陕西城池已没，军士开拓东大城五百三十二丈，南接旧城四百三十六丈。今欲再拓北大城一千一百五十七丈七尺，而军力不足，西安之民耕获已毕，乞令助筑为便。中书省以闻。上命俟来年农陈兴筑，仍命中书省考形势，规划为图，以示之，使按图增筑，无令过制，以劳人力。[25]

细细分析这段记载，我们可以发现其中包含的几个问题：一是当时已经完成东大城的拓建，新筑南墙“四百三十六丈”，约1452 m，与旧城墙相接，将城墙南墙拓筑至如今位置；二是修筑的东墙长“五百三十二丈”，约1772 m，这个数字与旧城“南北三里一百四十步”（1952 m）相差不足

200m，依此来看最初的西安城墙增筑规划可能只是将城向东开拓，北墙仍与旧城相齐；三是“欲再拓北大城一千一百五十七丈七尺”，这个数字与舆地馆实测的“一千三百七十丈”相差甚远，可能旧城北墙仅有两百余丈城墙残余，侧面也印证了前文所记“陕西城池已没”表示的西安城墙破败的事实，且此时应是东墙与北墙破败比较严重，后中书省重新规划时可能考虑到秦王府所处位置过于靠近城墙，且位于北边高坡之下，不利于城池的防御，故再将北墙向北移动，移至高坡之上，是故虽然有太祖明令增筑城墙时“无令过制，以劳人力”，却出现新拓北墙比原计划更长的事实；四是欲令民众相助筑城，说明最初筑城，只是军方参与（西安城墙出土的刻有左卫、前卫字样的明代城砖也证明了军队参与修筑城墙的事实），因工程巨大、军力不足，才请求皇帝批准动员百姓参与筑城，而朱元璋批示“俟来年农隙兴筑”，说明后期城墙的修筑是军民合作的成果。

从现有资料来看，明初新筑的西安城墙向北、东各扩建约二分之一，建成的墙体十分高大、坚固。全城城墙通高12 m，顶部墙厚12m~14 m，底部墙厚15m~18 m，较元奉元城的城墙（约高10.3 m），墙体增高1.7 m，防卫能力更强。

除此之外，城墙上还修建了大量相关的防御设施：城墙四周拐角筑有角台，角台之上，各建有角楼一座；城墙外墙，两角台之间，每隔120 m，便修筑有一座马面，马面伸出墙体之外，长约12 m，宽约20 m，全城共计98座马面，其上各建有一座敌楼；墙体顶部内外沿均建有较轻薄的女墙，其中内沿女墙称为宇墙，其高约0.75 m，厚约0.45 m，外沿女墙亦称为垛墙，高约1.75 m，厚约0.45 m，每隔2.35 m设一个0.6 m的垛口，共计5984个垛口；城墙内侧共建有7处滚坡式登城马道，用于守城的步兵和骑兵上下城墙，另外，在四座城门内城侧，分别修建有一条阶梯式登城坡道，用于守卫城门的将领步行登城。

伴随着西安城向东、北两面拓筑城墙的结果，全城格局也相应发生了变化，在四面城墙各开有一座城门，南墙和北墙城门位置大约在城墙中部，东墙与西墙的城门略偏南部，城门外均建有一座平面呈长方形的瓮城以拱卫城门，瓮城墙体高厚与城墙墙体大致相当，城门与瓮城正墙中部墙体顶部分别建有高大宏伟的城楼与箭楼，东门瓮城外筑有一东关郭城，是西安城墙防御系统的重要组成部分。城墙最后规模和形态见嘉靖《陕西通志》所附《陕西省城图》（图2–6）。

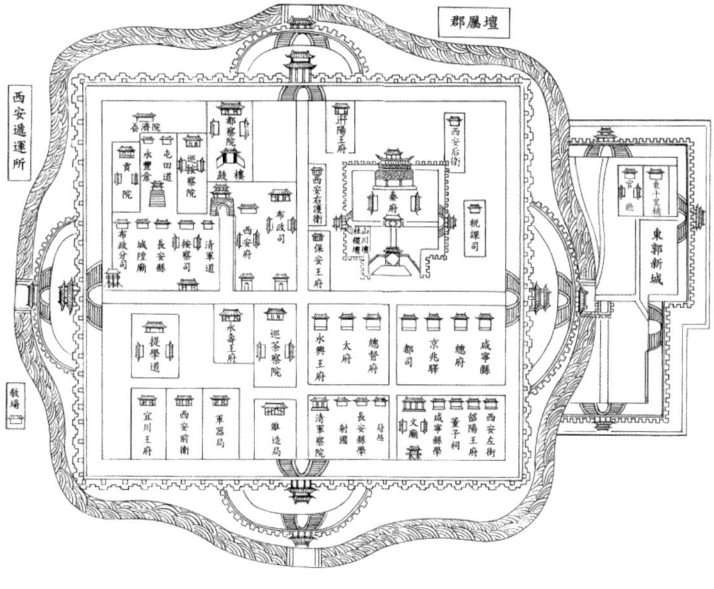

图 2–6　嘉靖《陕西通志》中的陕西省城图

西门安定门沿用原隋唐皇城西面中门顺义门，致使东西大街并非横贯于全城南北的中部，其中北大街长约1940 m，较南大街的670 m长出近两倍；南门永宁门为原隋唐长安城皇城的南面偏东的安上门，而非中门朱雀门，故而东大街（长约2150 m）与西大街（长约2088 m）长度相差62 m。

第三节 地形地貌及分区

根据《西安地裂缝场地地质地貌图（2011版）》，节选西安主城区域见图2-7。由图可知，西安城墙涉及的为二、三级台地，主要以二级台地为主。城墙的东南角为三级台地。历史上的“九二”“九三”皆为二级台地。

统计勘察资料，与图2-7对照后，绘制西安城墙保护范围地质地貌分区图（见图2-8）。由图可知，西安城墙的北墙、东墙（长乐门以北）、西墙、南墙（和平门以西）皆为二级台地。二级洪积台地堆积物上部为晚更新世黄土，有一层古土壤，下部为晚更新世早期冲洪积层，由粉质粘土夹薄层砂构成。黄土覆盖层约为26 m。西安城墙的东墙（长乐门以南），南墙（和平门以东）为三级台地。三级湖积台地堆积物为晚更新世和中更新世黄土，有两层古土壤，其下为中更新统世冲洪积层，由粉质粘土夹薄层砂构成。黄土覆盖层厚度约为30 m，历史上的“九四”即为三级台地。两者下部均为湖相冲洪积层，即粉质粘土夹砂层。

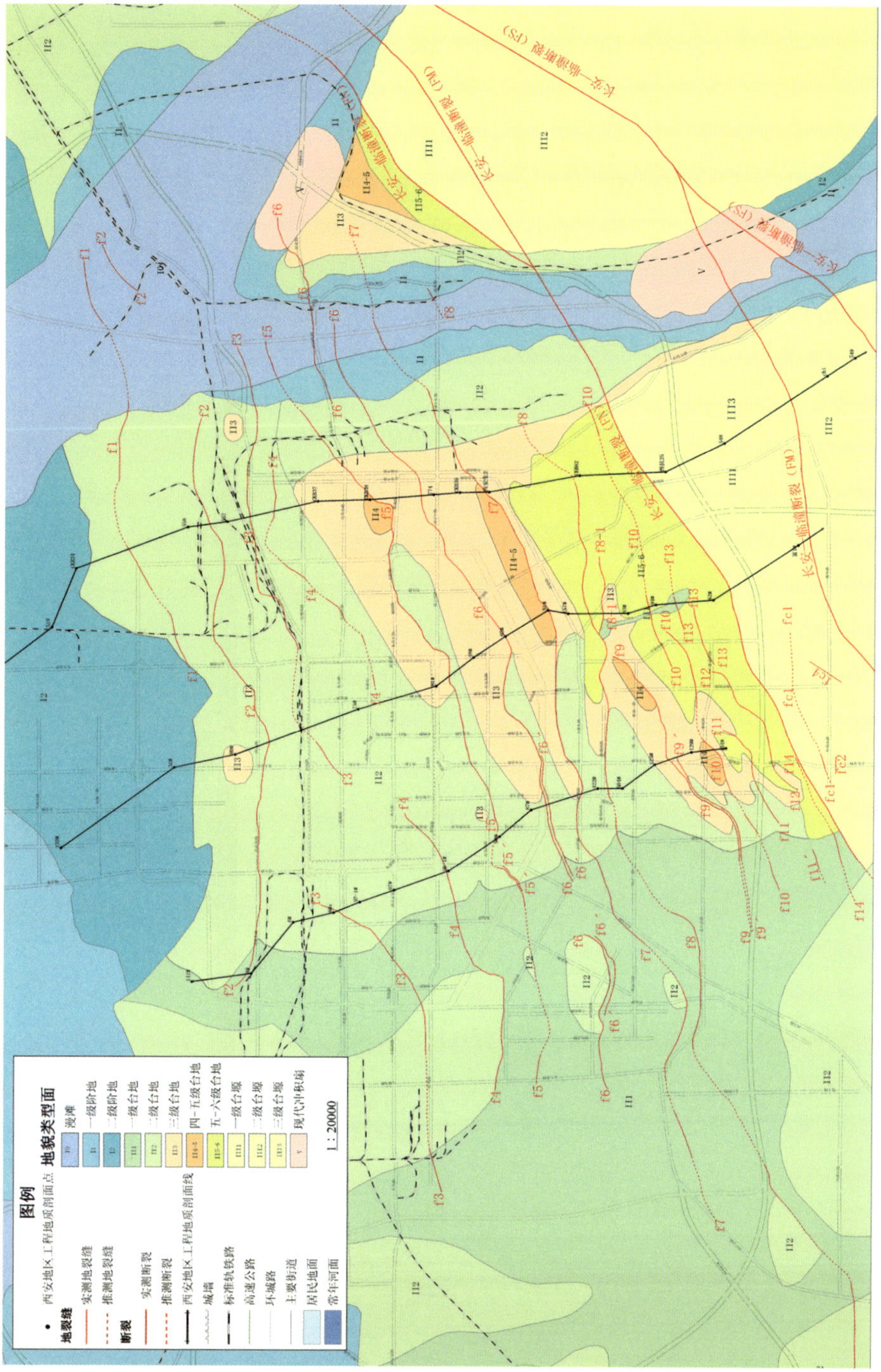

图 2-7　西安地裂缝场地地质地貌图（2011 版）

（张家明　绘）

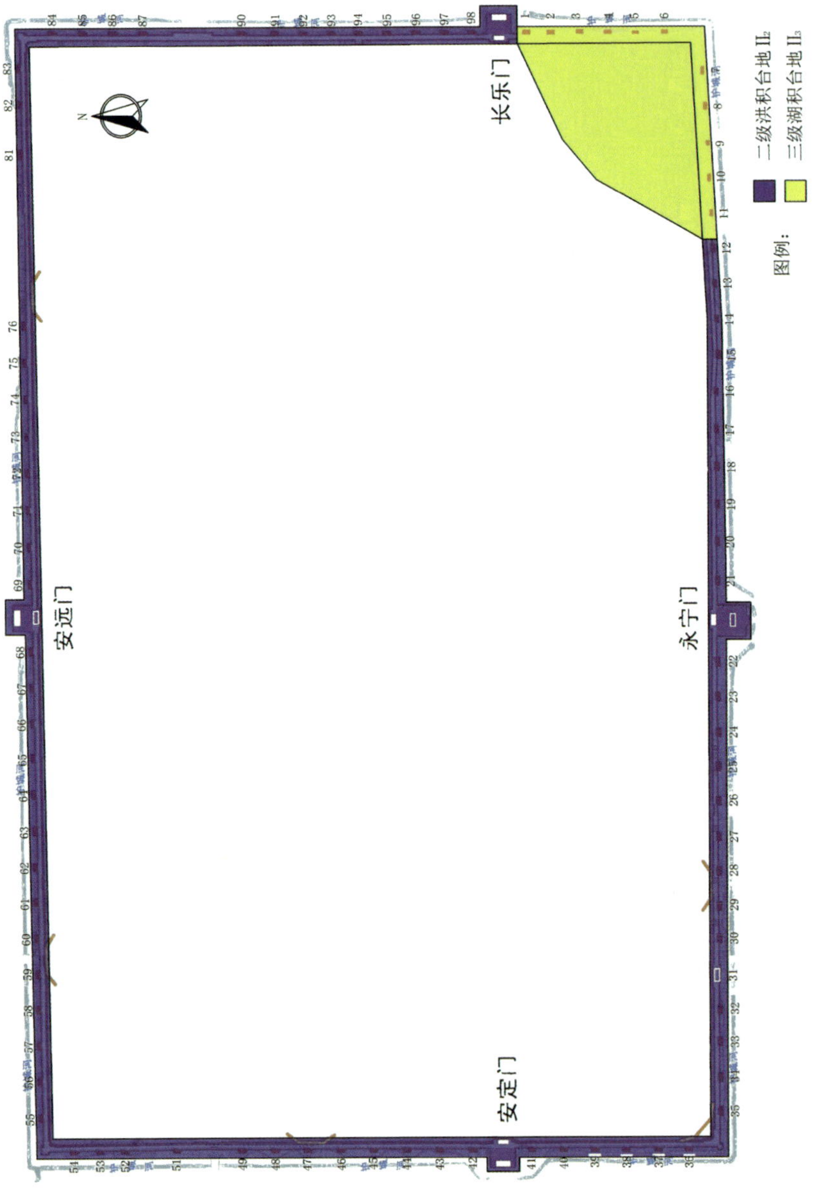

图 2-8 西安城墙保护范围地质地貌分区图

第三章

地基地层情况及不利因素

第一节　地层情况

一、典型地基情况

明初洪武年间初修城墙时，西安城墙由夯土墙体构成。直到明隆庆年间，巡抚张祉有感于土墙容易损毁，首次对城墙进行包砖，此次包砖仅在城墙外侧和顶部进行，内侧未处理。到了清代，对城墙屡有修葺，乾隆年间，毕沅更是主持大规模修城工作，对城墙进行了统一规划重新修整，并在内侧设置了砖砌排水设施。20世纪80年代的城墙大规模整修施行城墙内侧的包砖，这次整修不仅恢复了外侧被毁坏的部分砖体，更是对城墙内侧进行了整体包砖，一举形成了城墙如今名副其实的“外砖内土”结构。也正是如此，现今西安城墙上的城砖，外侧和顶部多为自明清时沿用下来的“老砖”，而内侧则基本上都是20世纪80年代新造的“新砖”了。

2004年初，西安市含光门段城墙道路工程施工，暴露出明城墙墙体多处断面，如图3-1所示，从该城墙断面上可以非常清晰地看到城墙的结构特点：整体为“外砖内土”式结构，在城墙夯土体顶部及两侧均砌有青砖进行包裹。

图 3-1　西安城墙含光门附近开挖揭示的城墙内部结构（2004 年）

为了了解清楚城墙结构，机勘院对城墙进行了钻芯勘察，结合勘察成果绘制出了城墙结构示意图。各部分城墙墙体结构大同小异。

永宁门墙体内部为夯筑土，修筑城墙时进行了大开挖，从地面向下开挖约3 m，用素土分层夯筑至海墁顶，地基土层主要是黄土、古土壤、黄土和粉质粘土。地基情况详见图3-2。

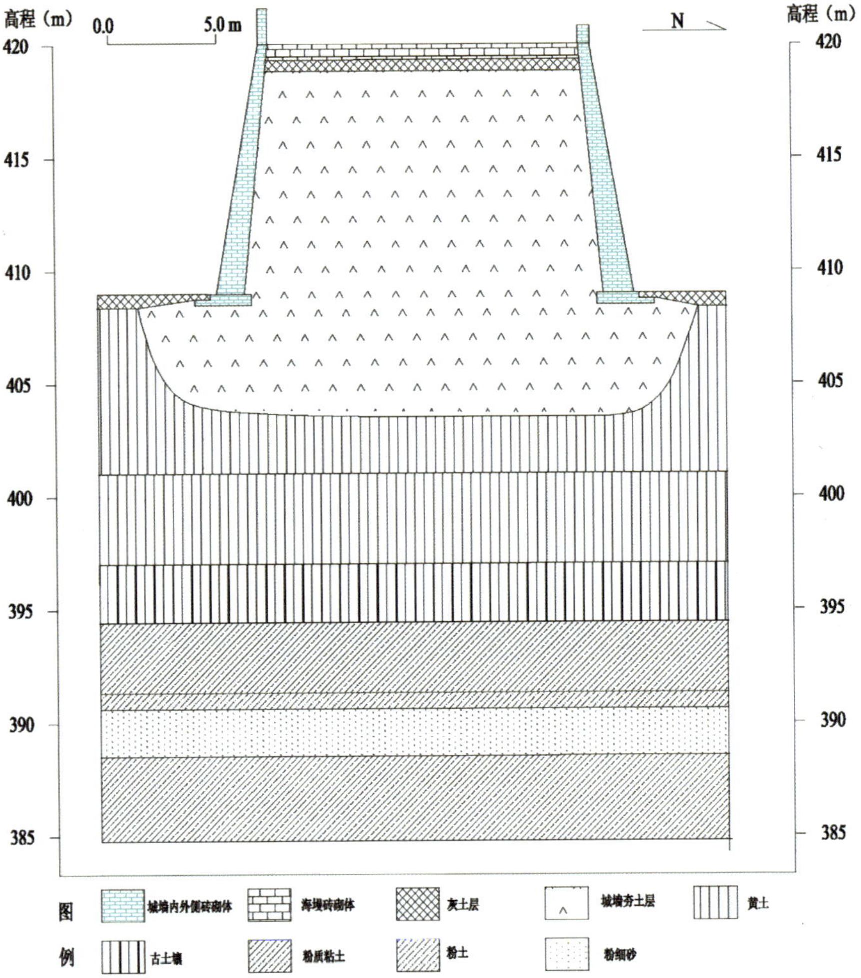

图 3-2 西安城墙永宁门区段结构示意图

从图中可以看出，原始堆积黄土层组成了城墙基础的地基，地基之上的基础为分层夯实的填筑土，我们可以想见，最初修建城墙时，人们首先在地面挖出较墙体更宽的基槽，在基槽内分层夯筑土体，形成基础，基础最厚处达4.8 m。在基础之上开始分层夯筑土体，形成城墙核心墙体。在城墙筑成至今的600多年历史中，由于历史的维修，不同时代修补的夯筑土叠置在一起，使城墙土体的成分、密实程度和均匀程度等都变得较为复杂。总体而言，城墙墙体每层夯土的厚度为10cm ~ 12 cm，夯土主要用黄土配少量石灰和细沙，夯打时先沿旧墙底填灰后，用石逐层夯打，筑至城顶。明朝后期才将外侧和顶部用城砖包砌，清朝时内侧设置排水槽，20世纪80年代才将内侧用砖包砌，形成外砖内土的结构。

夯土墙顶部铺设有0.3m ~ 1.1 m的灰土垫层以防水，将土拍平后铺砖，形成砖砌海墁，海墁层一般由二至三层城砖构成，砖面整体内侧倾斜约5°以便于排水。两侧砖墙整体趋势均为上薄下厚，而且墙下均采用条石或青砖砌成墙基，但外侧砖墙较内侧厚。根据调查，外侧砖墙底部厚约2.0 m，中部厚约1.6 m，顶部厚约1.2 m，墙面坡度约为80°；内侧砖墙厚度较薄，约0.6 ~ 1.5 m，墙面坡度约为70°。外包砖体后整个城墙变得更加坚实。

二、典型地层情况

由第二章可知，二级洪积台地堆积物上部为晚更新世黄土，有一层古土壤，下部为晚更新世早期冲洪积层，由粉质粘土夹薄层砂构成。三级湖积台地堆积物为晚更新世和中更新世黄土，有两层古土壤，其下为中更新统世冲洪积层，由粉质粘土夹薄层砂构成。以永宁门区段为例，城墙的典型地质剖面图见图3-2。

第二节　土层湿陷性

根据搜集的城墙周边区域勘察成果，城墙周边区域湿陷性黄土分布不均匀，黄土类型为Ⅰ级（轻微）非自重湿陷性～Ⅱ级（中等）自重湿陷性。湿陷性黄土普遍分布于素填土、黄土（粉质粘土）层中，湿陷性黄土的深度自地面约10m范围内湿陷性黄土分区详见图3–3。

第三节　填土厚度

根据图3–2城墙保护区域永宁门区段结构示意图，对城墙外侧的填土厚度（非城墙夯土及夯土层以下填土）进行统计分区，分区标准见表3–1，根据对城墙保护区域的勘察资料进行汇总分析，填土厚度在3 m以内属于正常水平，填土厚度超过3 m则湿陷沉降的风险加大。填土厚度分区图见图3–4。

表 3–1　填土厚度分区标准

分区	说明	性质
1	填土厚度$d \leqslant 3$m	填土层正常
2	填土厚度3m$< d \leqslant 6$m	填土层较厚
3	填土厚度6m$< d \leqslant 10$m	填土层厚
4	填土厚度$d >$10m	填土层巨厚

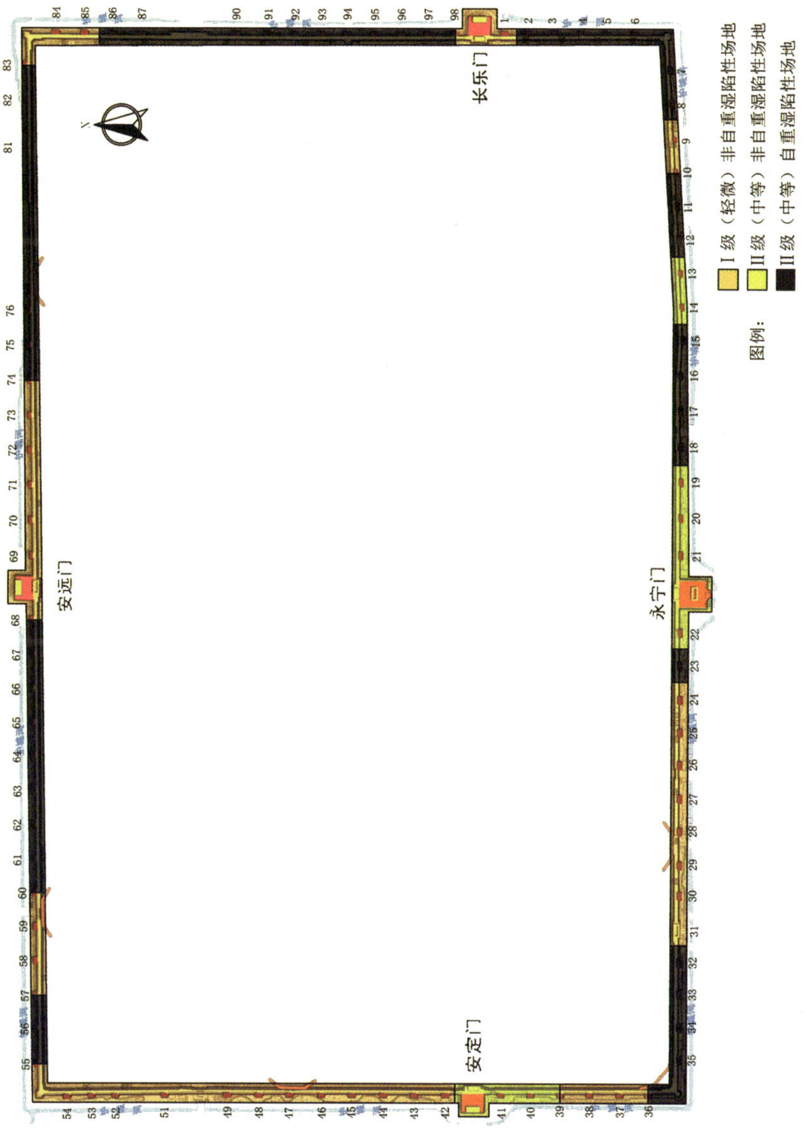

图 3-3　西安城墙保护范围湿陷性分区图

图 3-4 西安城墙保护范围填土厚度分区图

第四章

地震与地裂缝不良地质作用

第一节　关中地区断裂构造

关中地区的基底断裂构造大多形成于秦岭碰撞造山的过程中。关中地区兼跨秦岭地槽褶皱带和华山地台两个大的地质构造单元，距今300万年前秦岭的新构造活动，使西安市基底断裂发育很多断裂带，其中对城墙影响较大且仍处于活动的断裂带是临潼—长安断裂。该断裂北起临潼区骊山，向西南延伸经长安城区与秦岭北麓断裂交接。其余隐伏断裂众多，见图4-1。当断裂仅为历史作用、不活动时对人类的影响很小，只有活动断裂才是我们最需要关注的。

新活动断裂，依照新构造运动的定义，将其定义为第三系以来活动的断裂。关中地区西安市范围内主要包括以下断裂：秦岭北缘断裂、渭河断裂、华山北缘断裂、白水—合阳断裂、双泉—临猗断裂、临潼—长安断裂等（见表4-1）。

表 4-1　关中盆地部分新活动断裂名称及活动证据

断裂名称及编号	活动证据
秦岭北缘断裂F4	基岩断层三角面发育；错断中、上更新统至全新统地层；错断阶地及洪积扇，形成全新世断层陡坎；公元879年、1568年1月5级地震

续表

断裂名称及编号	活动证据
渭河断裂F2	西段宝鸡、眉县等处错段中、上更新统地层；公元前280年咸阳5.5级地震，1568年5月西安东北6.8级地震
口镇—关山断裂F8	西段基岩断层三角面发育，东段黄土断崖发育；错段中、上更新统地层；口镇山底何黄家地震台地裂缝
白水—合阳断裂F7	黄土断崖发育；富平东部地裂缝发育
临潼—长安断裂F5	错断中更新统以上地层；黄土陡坎发育；西安城区的13条地裂缝，长安区5条地裂缝
华山北缘断裂F10	断层三角面，高断层崖或阶梯状低断层崖发育；公元1556年华县8级地震；华县七四一场4条地裂缝，阳郭塬1条地裂缝

断裂的不断活动，会伴随地震、地裂缝等不良地质作用，断裂带的交汇处就是薄弱地带，是地震的高发处，历史上的华县大地震就是发生在断裂交汇处。

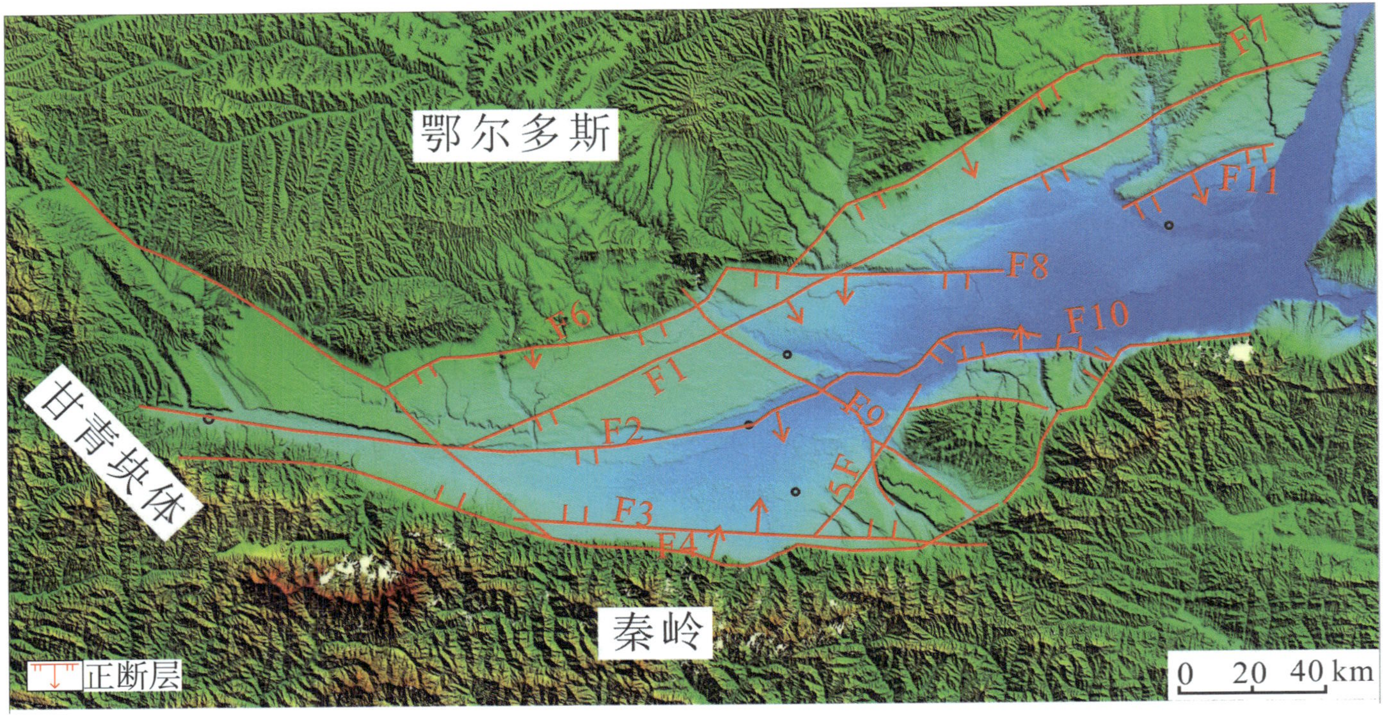

F1 礼泉—蒲城—合阳断裂　F2 渭河断裂　F3 铁炉子—余下断裂　F4 秦岭北缘断裂
F5 临潼—长安断裂　F6 岐山—乾县断裂　F7 白水—合阳断裂　F8 口镇—关山断裂
F9 泾河—浐河断裂　F10 华山北缘断裂

图 4-1　关中地区断裂位置示意图

第二节　西安市区地震作用

一、西安历史上经历的强震

西安市区，历史上长安城选址时，远离白鹿原，选择了地势低洼的区域，这些区域皆有巨厚的一层松散堆积物、沉积物，这一层松散的物质能显著吸收地震波、削弱地震能量、降低地震强度，因此减弱了地震的灾害。

据史料记载，西安地区历史上至少发生过15次“地裂”现象，其中9次与地震相伴而生，最早是公元前194年（汉朝），《太平御览》记载，“五月城中地陷三十丈，六月地拆家陷死，八月地裂广三十六长百三十丈”。

历史上记录的距离西安市区最近的地震就是华县大地震，1556年1月23日，秦岭以北的渭河流域发生了强烈地震，此次地震是我国历史记载中灾害极端严重的一次，地震改变了很多地貌，墙倒屋塌，“死者十数有六”，为世界罕见之灾害。据记载，当时西安城区震感强烈，但城墙墙体大体上完好，未经历毁灭性破坏。

二、西安市地裂缝

地裂缝是20世纪七八十年代发现的一种地质灾害，在我国许多地区相继被发现，其中陕西省西安市的地裂缝活动规模很大，也最为严重，在国内外实属罕见。

西安市地裂缝是由于下伏断层的蠕滑牵引，其根本的内因是地质条件的不同。如图4–2所示，西安断陷一直处于下沉状态，临潼—长安断裂也进行着南升北降的活动，但是相对而言，地质活动的速率是相当缓慢的。

真正让地裂缝活动速率加快的诱发因素是20世纪七八十年代西安市区在发展过程中大量开采深层地下水造成的，人工降水、建筑荷载、开挖卸荷等都会加剧地裂缝的发展，这些因素使土体内部产生差异沉降，并在地面产生沉降。

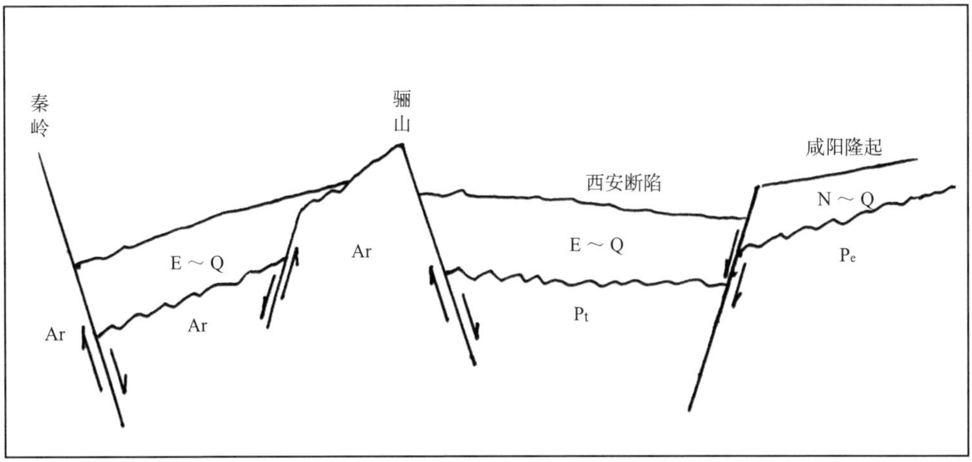

图 4-2 西安市地裂缝发展及地质情况示意图

第三节 西安城墙保护范围涉及的地裂缝

一、地裂缝的位置

西安市地裂缝，目前已查明的主要有13条，与西安长安城六爻格局对比，裂缝正好沿梁洼交汇处。西安城墙保护范围内主要涉及f3（北石桥—劳动公园—官亭西地裂缝带）、f4（丈八路—西北大学—幸福北路地裂缝带）

两条地裂缝。详述如下：

（1）f3地裂缝，全长约8.6 km，总体走向为NE65°—NE85° ，裂缝带宽度约15m ~ 45 m。穿越城墙地点推测位于72号、73号马面之间。该地裂缝在城内不连续，在城墙保护范围未出露。

（2）f4地裂缝，全长约13.6 km，总体走向NE70° ，裂缝宽度约22m ~ 55 m。穿越城墙地点一处位于中山门南侧，另一处位于34号、35号马面之间。该地裂缝在城内不连续，在城墙保护范围未出露。

二、地裂缝的具体情况

根据已有地质勘察报告及机勘院大西安岩土与地质环境综合信息系统，结合现场踏勘的情况，城墙保护范围的地裂缝情况如下所述：

（1）72、73号马面之间的地裂缝：在北大街附近地表未发现有地裂缝的错台，且在城墙位置地表未发现地裂缝错动，推测该地裂缝活动速率趋于缓慢。

（2）中山门附近地裂缝：在东新街附近地表未发现有地裂缝的错台，且在城墙位置地表未发现地裂缝错动，推测该地裂缝活动速率趋于缓慢。

（3）34号、35号马面之间的地裂缝：在西北大学及甜水井附近地表发现有地裂缝的错台，但在城墙位置地表未发现地裂缝错动，推测该地裂缝活动速率趋于缓慢。

城墙保护范围地裂缝位置示意图详见图4-3。地裂缝位置的典型地质剖面参考彭建兵教授等《西安地裂缝地面沉降成因与防治研究》课题中西安地区工程地质剖面图，截取龙首原—人民大厦—和平门区段地质剖面图（见图4-4），其中t_1~t_4为人工地震反射层及编号、F2~F4为地裂缝。

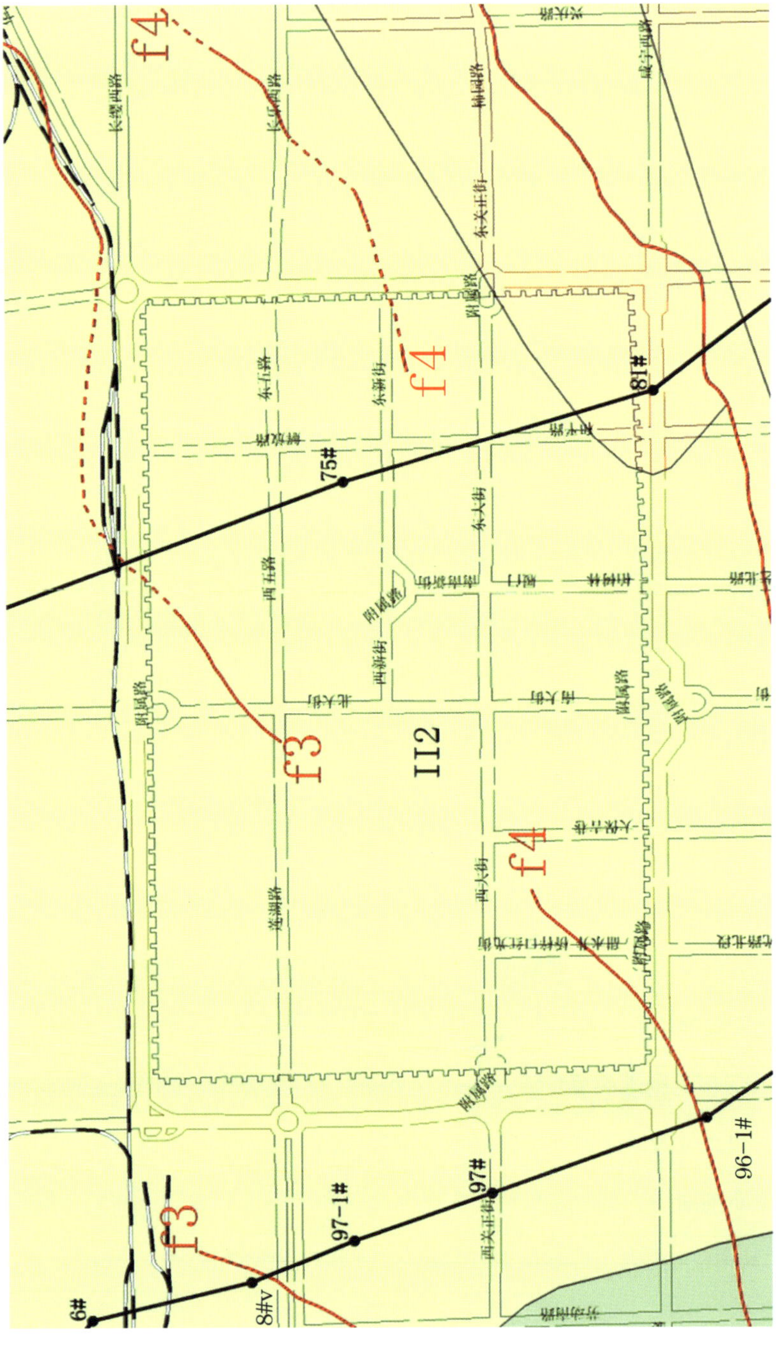

图 4-3 西安地裂缝场地地质地貌图（局部）（2011 版）

（张家明 绘）

三、地裂缝对西安城墙的影响程度分析

研究表明，西安地裂缝活动量70%～90%是由抽取承压水引起的，所以只要控制承压水开采，就能控制地面沉降和地裂缝强烈活动。西安市于1990年8月起，引入黑河水作为城市供水水源，于2007年11月通过《西安市地下水资源管理条例》，防止超量开采地下水造成地质灾害。部分地段承压水开采量减少，现西安市内地裂缝活动有所减弱，活动速率渐渐趋于平缓。

通过调研相关资料，现西安地区约80%的地裂缝处于稳定状态，地表潜水连年上升，现已处于历史最高水位，市区已经没有开采承压水的深井，诱发因素影响减小，地裂缝活动速率减缓，且历史上地裂缝在西安城墙的影响不明显，因此目前在进行城墙安全分析中，地裂缝的危害不作为城墙的主要病害。

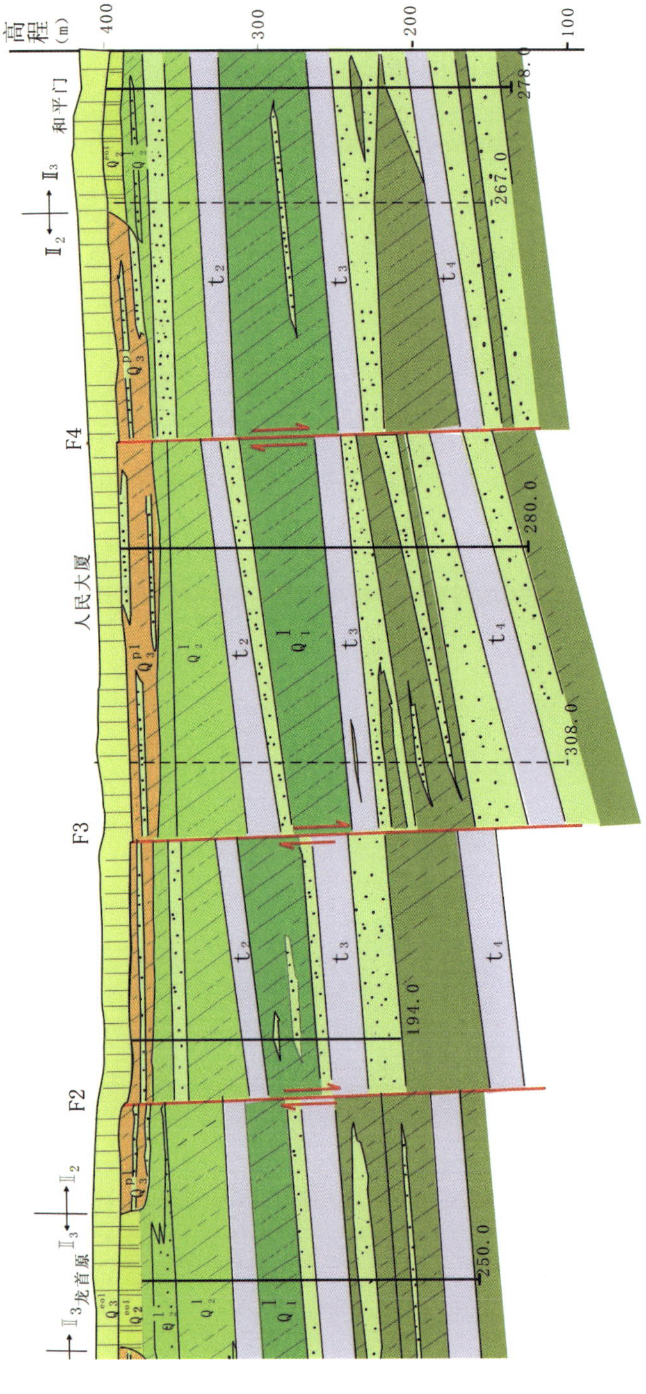

图 4-4 龙首原—人民大厦—和平门区段地质剖面图

第五章

周边水体调查研究

第一节　水体来源

一、八水绕长安

八水指的是渭、泾、沣、涝、潏、滈、浐、灞八条河流，它们在西安城四周穿流，均属黄河水系。西汉文学家司马相如在著名的辞赋《上林赋》中写道“荡荡乎八川分流，相背而异态”，描写了汉代长安上林苑的巨丽之美，以后就有了“八水绕长安”的描述。八水之中，渭河汇入黄河，而其他七水原本各自直接汇入渭河，然而由于时代变迁，浐河成为灞河的支流，滈河成为潏河的支流。八水分布见图5-1。

西安城区位于渭河中下游的南岸，浐、灞河之西，沣、皂河以东。渭河及其支流水系均属于黄河流域。其中沣、皂、浐、灞河发源于西安以南的秦岭山区，出山后向北绕西安城区注入渭河。灞河年平均径流量为$9.47\times10^9m^3$，7—8月的径流量占全年总量的42.7%；浐河年平均径流量为$1.893\times10^9m^3$；皂河多处已改造为渠，最大流量$40m^3/s$；沣河年平均径流量为$4.80\times10^9m^3$，7—10月的径流量占全年总量的54.7%。

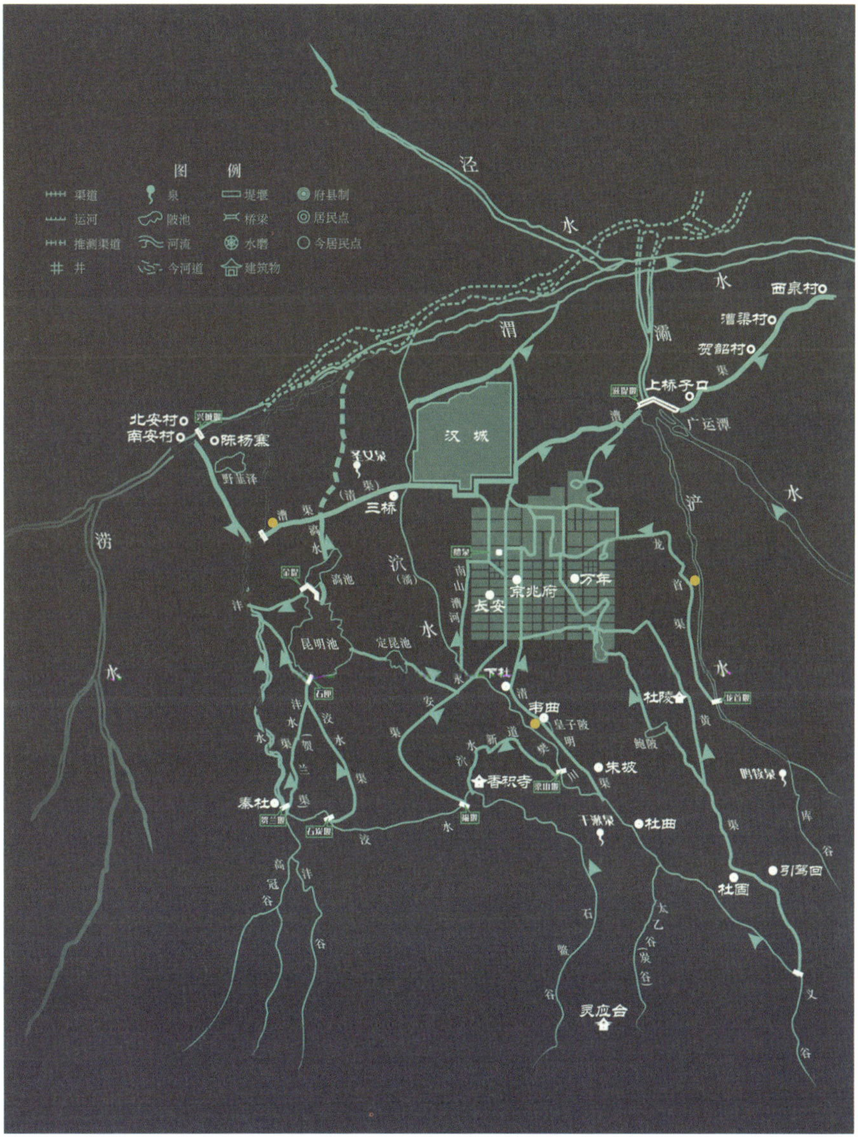

图 5–1　“八水绕长安”示意图

（西安唐皇城墙含光门遗址博物馆供图）

二、护城河

西安护城河有600多年的历史，建于明洪武七年到十一年（1374—1378）。护城河亦称护城壕，是城墙外围环城一周的人工防护河，为阻止军事进攻、固守城防的重要城墙防御工事。西安城墙外侧的护城河与西安城墙的关系最为密切，是最可能对城墙造成影响的地表水体。

图 5-2 护城河

三、地下水

（一）永宁门区段

该区段1980年至2018年地下水位变化见图5-3，由图可知永宁门附近区域1980年至2006年地下水位变化不大且处于较高水位，地下水位变化幅度约2m，属因枯水期、丰水期季节因素造成。2006年至2014年地下水位逐年降低，至2014年3月降至最低（2014年3月南门改造项目勘察报告中地下水位在394.75m ~ 396.35m），最低下降幅度约5m，永宁门区域在2015年约一年内水位突升6.4m，上升至401.32m，此后地下水位一直保持较高位置。

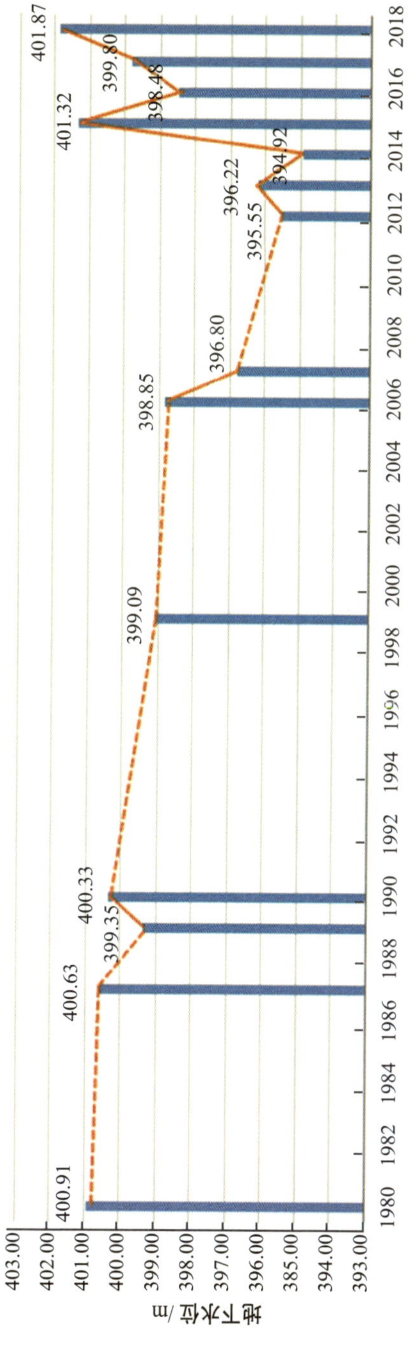

图 5-3　永宁门附近地下水位高程统计图

根据现有勘察资料，西安城墙周边区域地下水位高程介于394.53m～401.87m，地下水属潜水，地下水主要赋存在黄土及粉质粘土层中，水位年变化幅度约2m。

（二）城墙一周地下水

2019年，机勘院受西安城墙管理委员会的委托，对城墙周边实施了31孔的水文观测孔，水文观测孔的平面布置见图5-4。2019年11月份的水文观测孔中地下水位统计见表5-1。现南半段护城河水位均高于相对应的地下水水位，因监测时间较短，其规律性将在后续研究中分析。

表 5-1 2019 年 11 月份城墙周边地下水位数据统计

孔号	水位埋深 /m	绝对高程 /m	对应护城河水位高程 /m	备注
k1	9.25	399.63	407.40	—
k2	9.25	400.19		
k3	15.45	404.49	407.41	—
k4	11.53	399.79	403.34	—
k5	11.32	400.83	403.34	—
k6	8.65	400.68	403.34	—
k7	9.55	400.28	401.27	—
k8	9.45	399.30	401.27	—
k9	8.45	399.77		

续表

孔号	水位埋深 /m	绝对高程 /m	对应护城河水位高程 /m	备注
k10	9.55	397.49	401.27	—
k11	9.92	396.01	399.17	—
k12	13.00	393.96	399.16	—
k13	9.65	394.93		
k14	14.24	394.25	399.17	—
k15	12.57	393.31	399.14	—
k16	12.05	393.07		
k17	12.05	391.90	—	河道施工
k18	11.85	389.95	—	河道施工
k19	9.95	390.76		
k20	11.25	390.63	—	河道施工
k21	12.80	390.98	—	河道施工
k22	11.75	391.93	—	河道施工
k23	7.82	394.21	—	河道施工
k24	7.40	394.02		
k25	7.10	393.81		

续表

孔号	水位埋深 /m	绝对高程 /m	对应护城河水位高程 /m	备注
k26	9.70	393.85	—	河道施工
k27	10.35	394.21	—	河道施工
k28	10.65	394.27	—	河道施工
k29	11.20	394.62	—	河道施工
k30	10.70	394.60		
k31	12.35	395.54	—	河道施工

图 5-4　水文观测孔

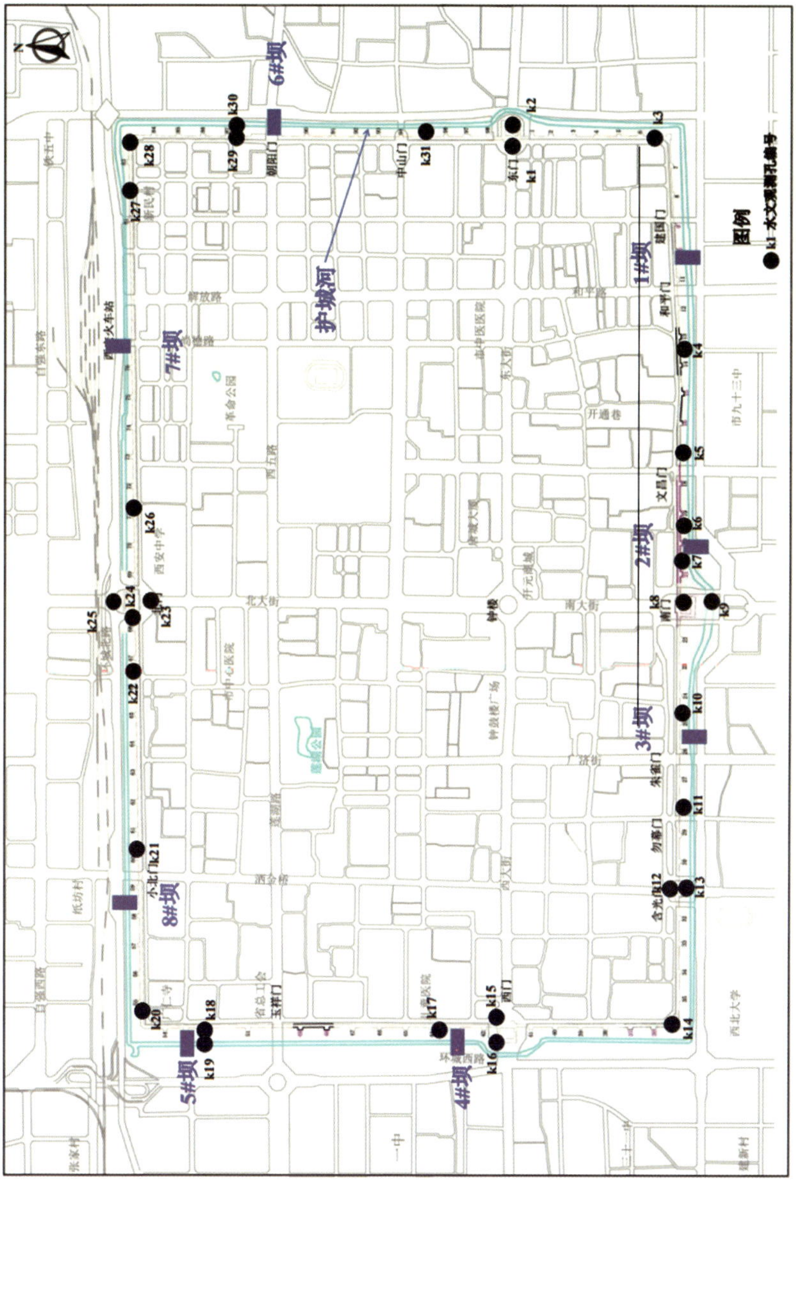

图 5-5　水文观测孔平面布置图

四、降雨等气象情况

西安位于关中平原中部，处于暖温带半湿润季风气候区，四季冷暖干湿分明。年平均气温13.6℃，极端最高气温45.2℃，极端最低气温-20.6℃。春季温暖、干燥、多风；夏季炎热多雨，多雷雨大风天气；秋季凉爽，气温速降，秋凉明显；冬季寒冷，多雾、少雨雪。年平均降水量584.9mm，每年7—9月间的降水量占全年降水量的50%以上，多连阴雨和暴雨等。西安市1951—2012年间主要气象资料见表5-2。

表 5-2　西安市气象站主要气象资料汇总表（1951—2012 年）

统计项目		数值	出现时间或统计年限
平均气压 /mb	夏 季	959.7	1951—2007 6月—8月
	冬 季	978.9	1951—2007 12月—次年2月
	年平均	15.0	2003—2012
气温 /℃	极端最高	42.9	2006.6.17
	极端最低	−20.6	1955.1.11
	最热月平均	27.5	2003—2012（7月）
	最冷月平均	0.3	2003—2012（1月）

续表

统计项目		数值	出现时间或统计年限
湿度/%	年平均相对湿度	63.2	2003—2012
	年平均最小相对湿度	41.8	2003—2012
	极端最小相对湿度	3	2000.3.27
	−5～5/℃ 相对湿度范围	20.0～93.4	2003—2012
	−5～5/℃ 相对湿度平均值	66.7	2003—2012
覆冰	—	无	2000—2007 未发生管线覆冰
降水量/mm	年平均	604.0	2003—2012
	年最大	903.2	1983
	月最大	344.4	1957.7
	日最大	110.7	1991.7.28
	年平均降水日数	96（降雨日数） 11（降雪日数）	—
	雨季起讫时间	5.1～10.1	—

续表

统计项目		数值	出现时间或统计年限
蒸发量/mm	年平均	1406.9	2006—2012
	年最大	1624.0	1972
	年最小	1289.8	2011
风	平均风速（m/s）	1.4	2003—2012
	春季平均风速（m/s）及主导风向	ENE1.5	2003—2012
	夏季平均风速（m/s）及主导风向	NE1.5	2003—2012
	秋季平均风速（m/s）及主导风向	ENE1.2	2003—2012
	冬季平均风速（m/s）及主导风向	ENE1.2	2003—2012
	年平均大风日数（≥8级）	1天	2011.6
	年最多大风日数（≥8级）	2天	1951—2012
	定时最大风速（m/s）及风向	WSW15.2	1971.8.2
	瞬时最大风速（m/s）及风向	WSW23.3	1971.8.2

续表

统计项目		数值	出现时间或统计年限
雪冻	降雪初终期	—	11.9—4.14
	最大积雪厚度/cm	15	2009.11.12
	冻土初终期	—	11.11—3.13
	最大冻土深度/cm	42	2003.1.10—2003.1.13
其他	一年中最多雾天	27.7	2000
	平均雷暴日数	13.7	1971—2012
	夏季19时平均每年不保证30h的干球温度/℃	28.9	2000—2007 6月—8月
	夏季19时平均每年不保证30h的湿球温度/℃	22.1	2000—2007 6月—8月
	夏季通风室外计算温度/℃	25.7	2000—2007年 6月—8月
	冬季通风室外计算温度/℃	1.0	2000—2007年 12月—次年2月
	冬季采暖室外计算温度/℃	2.5	2000—2007年 11月—次年2月

注：土壤最大冻结深度标准值为60cm。

台站名称及地点：西安市观象台（肖家村）。

地理位置及海拔高程（m）：北纬34.180°，东经108.560°，高程 397.5m。

五、绿化灌溉

因绿化美观的原因，在城墙外侧种植了大量绿植及草坪，日常灌溉给城墙墙基带来一定量的水，这对于城墙地基（地基土具湿陷性）属于不利的因素。可在墙基2m范围内采取隔水措施，使雨水迅速排离墙根。距城墙墙体2m范围不再种植植物，用人工草坪代替。距城墙墙体2m～5m范围内，种植低矮灌木，5m以外可种植高大植物，并在植物枝干生长接触墙面时及时修剪，使其远离墙体。

第二节　护城河的影响

西安城墙护城河，建于明洪武年间。护城河亦称护城壕，是城墙外围环城一周的人工防护河，为阻止军事进攻、固守城防的重要城墙防御工事。西安城墙外侧的护城河与西安城墙的关系最为密切，是最可能对城墙造成影响的地表水体。

2017年5月1日，为研究护城河蓄水对城墙周边土体地下水位变化情况，机勘院在文昌门东侧分别距护城河15m、30m、60m处设立水文观测孔，经过长期观测发现，护城河刚开始蓄水时（2017年5月），三孔水文观测孔内地下水位高程介于401m~403m，离护城河近的位置地下水位相对较高，待护城河蓄水稳定一段时间后（2019年9月），三孔水文观测孔内地下水位高程介于401.5m~402m，各观测点水位高程趋于一致。护城河蓄水后不同距离水文观测孔水位高程变化见图5-6。

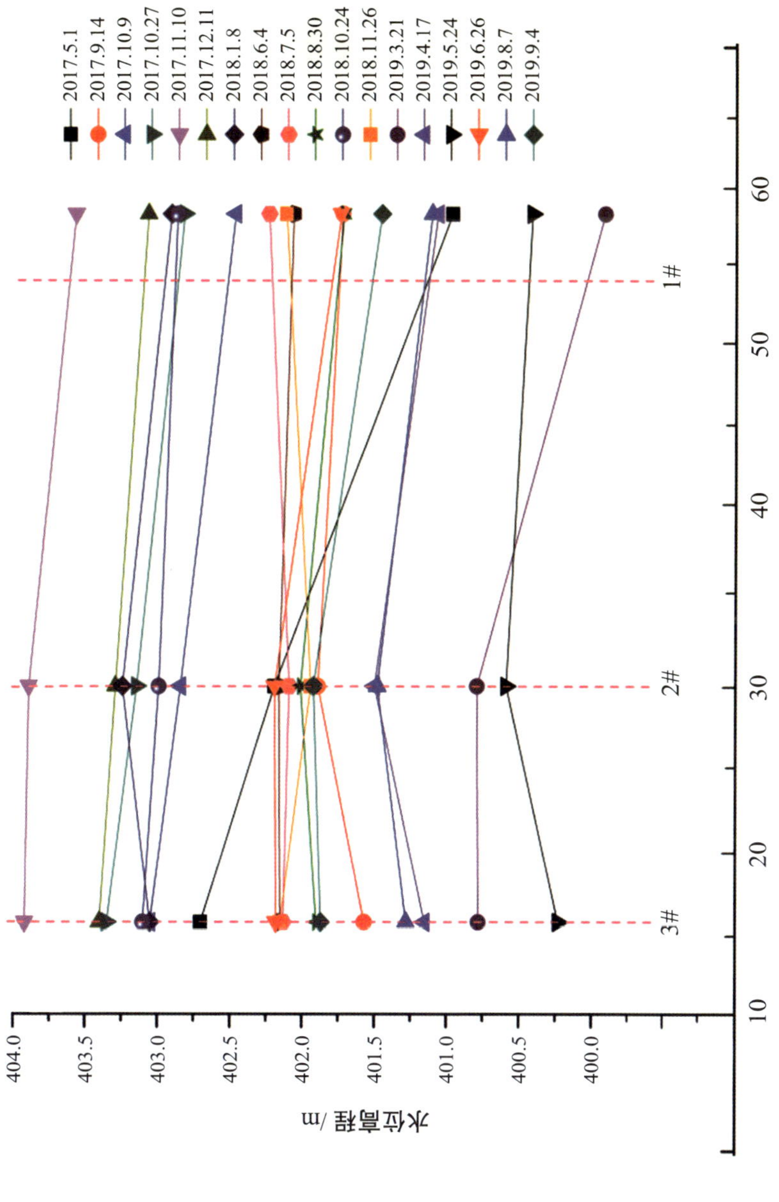

图 5-6　护城河蓄水后不同距离水文观测孔水位高程变化图

自护城河综合改造治理以来，通过人工技术将水位平均抬高3m，原来的河面宽度就由从前的15m延伸至平均河宽28m。这一方面提升了护城河的旅游价值，另一方面，水位的提升，不可避免地对地下水位产生了补给的作用，地下水位提升后，城墙周边地基土含水量明显增大，液性指数增大，抗剪强度降低。

第三节　地下水的影响

一、地下水水位变化城墙产生沉降的理论

城墙因护城河与周边工程建设的缘故，城墙局部地下水位发生变化，而地下水位根据《建筑基坑支护技术规程》（JGJ 120-2012），降水引起的地层压缩变形量s可按下式计算：

$$S=\sum\frac{\Delta\sigma`_{\mathrm{zi}}\Delta h_{\mathrm{i}}}{E_{\mathrm{si}}} \tag{1.1}$$

式中，$\Delta\sigma`_{\mathrm{zi}}$为降水引起的地面下第i土层的平均附加有效应力（kPa）；

Δh_{i}——第i层土的厚度（m）；

E_{si}——第i土层的压缩模量（kPa）。

可见当城墙水位下降时，平均附加有效应力降低，将会引发沉降。

降水引起的地层变形计算可以采用分层总合法。与建筑物地基变形计算时的分层总和法相比，降水引起的地层变形在有些方面是不相同的。主要表

现在以下方面：

1.附加压力作用下的建筑物地基变形计算中，土中总应力是增加的。地基最终固结时，土中任意点的附加有效应力等于附加总应力，孔隙水压力不变。降水引起的地层变形计算，土中总应力基本不变。最终固结时，土中任意点的附加有效应力等于孔隙水压力的负增量。

2.地基变形计算中，土中的最大附加有效应力在基础中点的纵轴线上，基础范围内是附加应力集中区域，基础以外的附加应力衰减很快。降水引起的地层变形中，土中的最大附加有效应力在最大降深的纵轴线上，也就是降水中心点，附加应力随着远离降水中心逐渐衰减。

3.地基变形计算，附加应力从基底向下沿深度逐渐衰减。降水引起的地层变形计算，附加应力从初始地下水位向下沿深度逐渐增加。降水后，地下水位以下含水层内土中附加有效应力也会发生变化。

根据以上理论可见，地下水位下降时，由于附加应力的增加，将会引起城墙整体沉降；当水位上升时，土的浮力增加，但由于水位上升而被浸泡的土体强度降低，刚度下降，最终也会产生沉降。

二、数值模拟计算

1. 工况 1（地下水水位上升 6m）

模型计算工况1（水位上升6m）所得位移分布见图5-7。从图可见，水位上升后，由于被浸泡土体弹性模量降低，其下部土体发生轻微回弹、上部发生沉降，被浸泡土体由于被压缩导致城墙发生沉降。最终土体固结后的内墙基础沉降量为22.8mm、外墙基础沉降量为24.1mm。

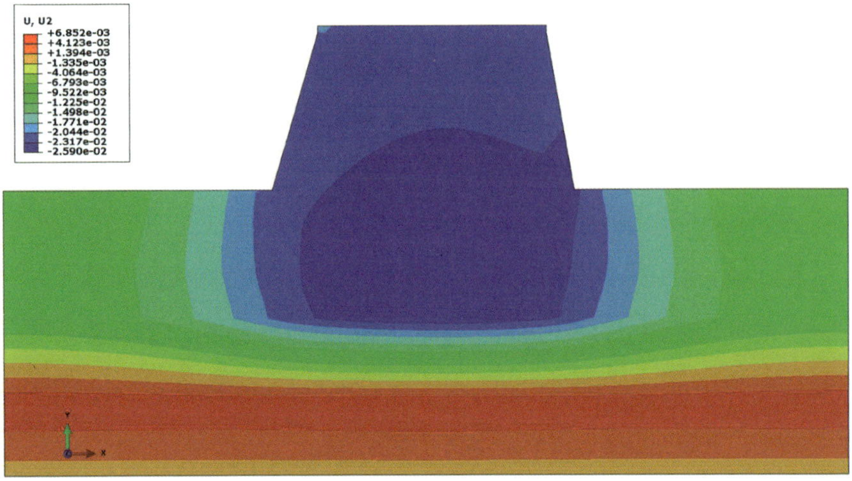

图 5-7　地下水位上升 6m 竖向位移云图

（a）原有状态土体总应力云图

（b）水位上升后土体总应力云图

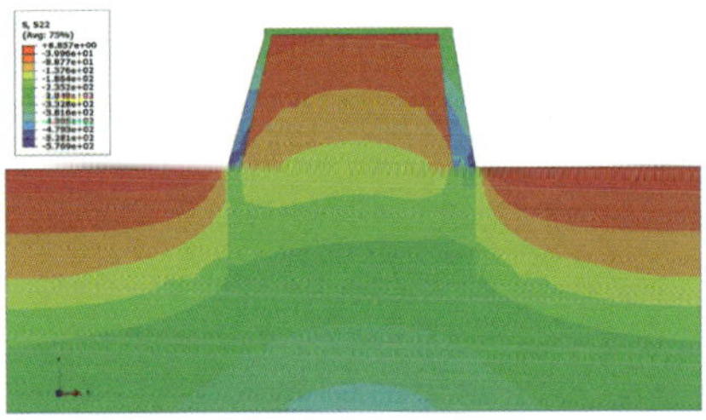

（c）原有状态土体有效应力云图

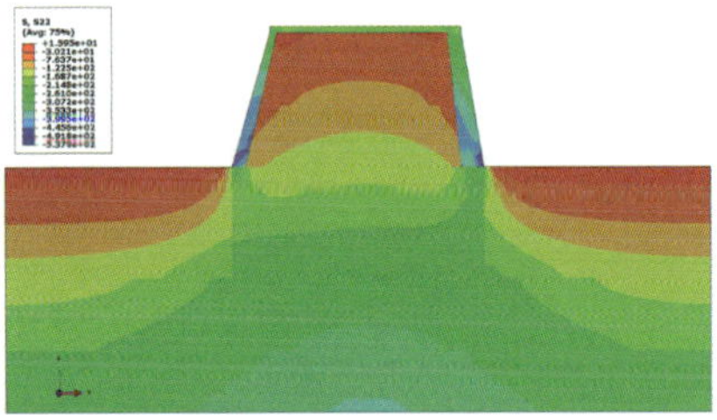

（d）水位上升后土体有效应力云图

图 5-8　地下水位上升 6m 土体内部总应力和有效应力云图

由图5-8可见，地下水位上升后有效应力降低，符合理论规律。但是由于土体的弹性模量降低，导致城墙最终产生了竖向沉降。由此可见，城墙地下水位上升可导致城墙发生一定的沉降。

2. 工况 2（地下水水位上升 3m）

在城墙地下水位上升6m并充分固结的基础上，将水位下降3m并固结，假设水位下降过程中土体弹性模量不再发生变化。计算后得到的竖直沉降分布见图5-9。其中内墙基础固结后沉降量为30.5mm（监测点C），外墙基础固结后沉降31.9mm（监测点D）。

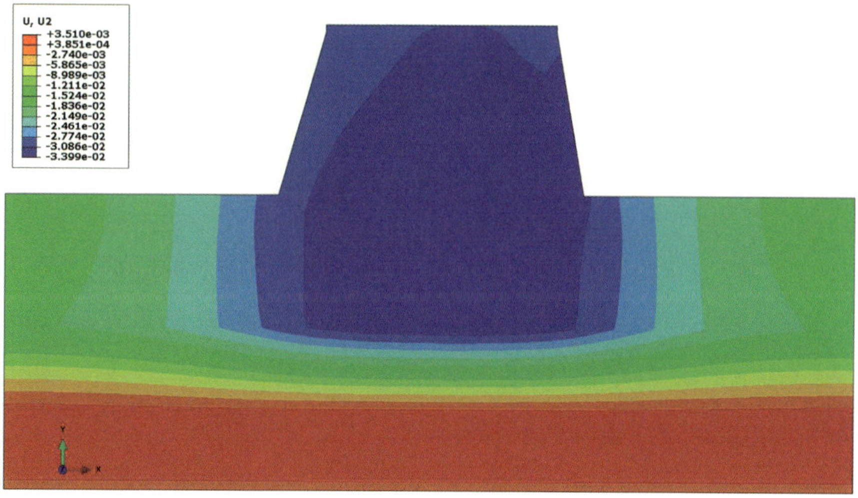

图 5-9　地下水位上升 3m 竖向位移云图

（a）水位上升 6m 后土体总应力云图

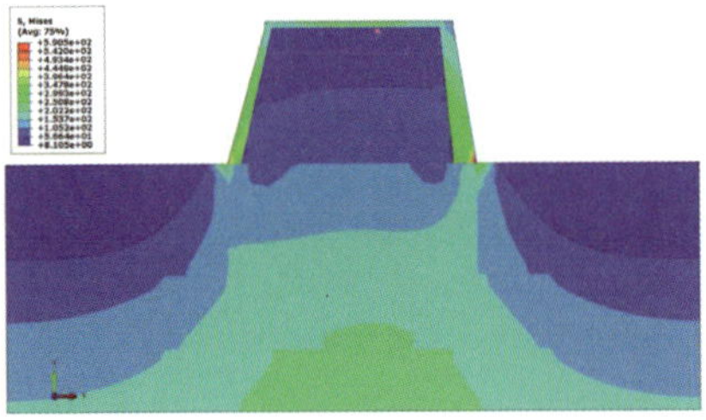

（b）水位上升又下降 3m 后土体总应力云图

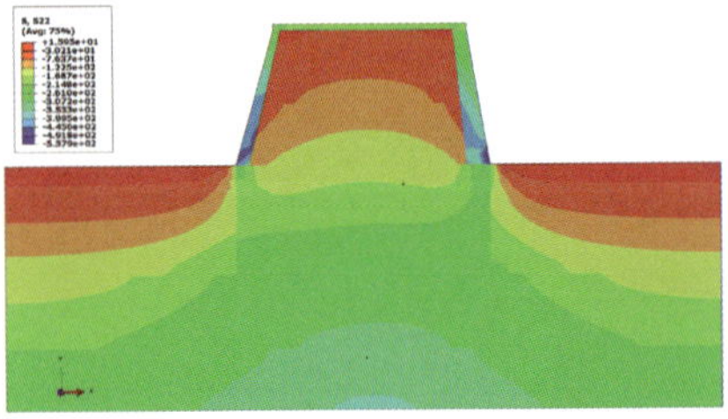

（c）水位上升 6m 后土体有效应力云图

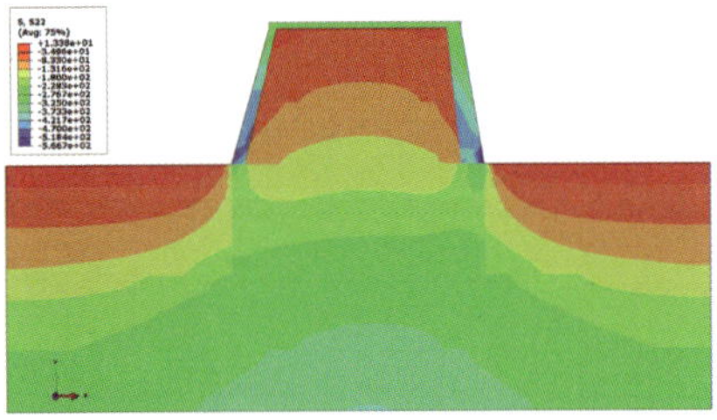

（d）水位上升又下降 3m 后土体有效应力云图

图 5-10　地下水位上升 6m 土体内部总应力和有效应力云图

如图5-10所示，地下水位上升又下降后土体的有效应力增加，这是由于土体含水量下降、基质吸力增加而导致有效应力的增加，有效应力增加的同时会带来附加应力，附加应力的增加将会产生竖向沉降，可见水位下降也是引发城墙沉降的重要因素之一。

3. 小结

根据城墙水位升降变化的数值模拟计算得到如下结论：

（1）城墙水位上升时土的浮力会增加，但是由于土在水中长期的浸泡，会导致土体的抗剪强度、刚度降低，使得土体压缩，故而导致沉降。

（2）当地下水位下降时，土体的有效应力增加，也会使土体产生沉降。

（3）地下水位反复升降，对城墙地基土是非常不利的。

第六章

地质条件调查在古城墙保护领域中应用的研究方法总结

地质条件调查是一种已经发展比较成熟的工程技术方法，其工作内容包括踏勘、钻孔、室内土工试验、水文调查等方面，地质条件调查在文物保护领域中的应用归根到底是为了查明文物本体所处区域的地质水文情况以及不良地质情况。文物保护工程与普通建筑工程相比往往面临着许多更为复杂的情况，例如经历年代久远导致地层的变迁、地基情况各不相同、地下水经历了多次的升降变化，这就对地质条件调查工作提出了更高的要求。只有建立一个适宜于大部分文物保护工程的地质条件调查方法，才能使这项比较成熟的工作方法落到实处，为文物本体的科学性保护助力。

文物建筑的地质条件调查与工程建设领域的地质条件调查有相近的地方，但是也有很大的区别。例如，工程建设领域的地质条件调查仅查明现阶段建筑物所处的地质地貌情况和地层情况即可，而文物建筑的地质条件调查不仅要查明现阶段的情况，还要查明文物建筑所在区域地质地貌的历史变迁，只有知道了文物建筑经历了哪些变化，才能对其病害成因的分析做到全面和准确。文物保护领域地质条件调查的基本原则，应包括明确调查的目的，了解文物本体现状，确认调查的范围、内容和项目，选择合适的地质调查手段等。

针对文物保护领域的地质条件调查工作，查明地质条件情况和病害成因是其根本目的，因此在调查工作中，有可能诱发病害的地质情况调查应作为工作的重点。调查工作通常为以下工作提供技术支持：

1.保护区域的地质条件情况总结；

2.保护区域的不良地质情况；

3.保护区域的水文地质情况总结；

4.文物本体的病害成因分析（与地质条件相关的）；

5.调查范围内的地质条件分区；

6.文物本体日常保养维护的重点区域；

7.文物本体修缮工程的针对性措施。

文物保护领域的地质条件调查研究方法总结，是为了建立一个科学化和规范化的技术流程，不仅可以提高现场的工作效率，更重要的是可以提高文物本体相关信息的系统性和完整性，从而为文物保护体系的建立提供充足而有根据的数据支撑。

第一节　相关信息的收集

一、地质条件调查范围

地质条件调查的范围不小于文物保护范围，文物保护范围按照国家规定及文物保护管理单位规定的范围确定。

（一）保护范围一般性标准（市、县级）

1.地下不可移动文物保护范围，以经过科学探测证明埋有文物的范围外30m；墓葬群范围外30m。木塔等高度较高的重要的不可移动文物划定保护范围可以适当扩大。

2.地面单体建筑基础、台基外四向各30m；建筑群围墙基外30m。

3.古民居与宗祠：保护范围以本体建筑外墙界以外8m为红线，保护范围以外的16m为紫线。

4.古桥：以平面环境效果为主，保护范围以桥墩为界，上、下游以100m，两端各30m为红线；红线以外各50m为紫线。

5.古塔：以立体环境效果为主，保护范围以塔为中心，半径100m为红线；红线以外的半径200m为紫线。

6.古墓、古遗址、古窑址：本体以外的200m为红线，红线以外300m为紫线。

（二）保护范围特殊性标准（省、国家级）

1.地下不可移动文物经过发掘，考虑要做遗址保护的古文化遗址，古墓葬（群）可以根据实际需要扩大保护范围；

2.地面建筑（群、组）有地标性或景观价值的可以扩大保护范围；

3.处于城镇建筑中间的建筑类文物保护单位，按实际需要，在能够抵御各种破坏因素的前提下，可以减少保护范围的标准，但不得低于20m。

二、城墙文物本体病害情况

城墙墙体所包含的病害主要有：内外两侧墙体存在大量的裂缝，内外两侧墙体产生了侧向变形，即鼓胀变形，顶部海墁存在大量裂缝，海墁表面沉降不均，出现大量积水沉陷区，墙体地基不均匀沉降变形，墙体内部有许多人工洞穴、空洞、不密实、高含水率等缺陷，墙体内部夯土层与表砖层之间有很多处脱空，墙体内部虫害，城砖表面风化，等等。

（一）裂缝

裂缝是最常见的一种病害，根据发育位置分为墙体裂缝和海墁裂缝。城墙墙体上长度不同，宽度不一的大小裂缝不计其数，从裂缝形态来看，墙体裂缝大致可以分为两种情况：一种为自上而下发生、发展，呈上宽下窄型（图6–1）或中间宽两头窄型（图6–2）；另一种为自下而上发生、发展，呈下宽上窄型（图6–3）。

从西安城墙2005年调查情况来看，发育在外墙上较宽的裂缝有100余条，发育在海墁上较长、较宽的裂缝有近百条（图6–4），内墙裂缝较少。具体来看，仅西门瓮城就有裂缝多达76处，其中最宽的裂缝宽度超过

10cm；南门以东第二马面、城墙东北角、小南门到西南城角等裂缝也较为严重，最宽的裂缝达30cm。从裂缝分布位置来看，在墙体转角、凸出或有地裂缝经过的地带，裂缝发育最为严重（图6–5、图6–6）。我们对墙体上宽度在3mm以上的裂缝进行了统计，统计结果见表6–1。

图 6–1　10 号马面墙体裂缝上宽下窄（镜头向北，2005 年）

图 6-2　8 号马面墙体裂缝中间宽两头窄

图 6-3　墙体裂缝下宽上窄

图 6-4 海墁裂缝

图 6-5　东北角外城墙阳角裂缝

图 6-6 84 号马面城墙与马面阴角裂缝

表 6-1　西安城墙墙体裂缝调查表

裂缝监测点编号	发育部位	3mm以上裂缝数量
NO.6	东南角北侧约20m墙体上	1
NO.8	南侧	1
NO.15	南侧	1
NO.17	南侧、东侧	2
NO.19	东侧	1
NO.21	南侧、东侧	2
南门瓮城	票房后墙体、 东登城坡道处、瓮城东侧	3
NO.23	马面南侧	1
NO.31	南侧、东侧	2
NO.36	北侧	1
西门瓮城	瓮城内南侧、瓮城外东墙体	2
NO.43	南侧、北侧	2
西北角	南侧、西侧、北侧	3
NO.68	东侧	1
NO.70	东侧	2

续表

裂缝监测点编号	发育部位	3mm以上裂缝数量
东北角	南侧、东侧、北侧、西侧	6
NO.96	南侧	1

裂缝的存在对城墙的安全有很大的危害，具体表现为：（1）裂缝破坏了城墙的整体性，导致其各方面力学性能降低；（2）雨水顺着裂缝渗入墙体内部，致使内部土体软化，强度降低，诱发墙体沉降，发生塌陷；（3）裂缝进一步发育，最终会导致滑坡、边缘墙体坍塌等的发生。

产生裂缝的原因有很多，主要内因之一是夯土密实度不均。密实度不均主要历史原因是西安城墙内部夯土主体为明代所建，但在历次维修后，许多地方往往包含两个甚至更多时代的夯土层，这些不同时代的夯土层成分不同、化学组成不一，力学常数、黏结度、膨胀系数等各方面物理、力学性质存在差异，当外界环境发生变化时，不同土体间不能协同变化，经年累月，便会在内外两侧墙体上出现上宽下窄或中间宽两头窄的裂缝，在海墁沉陷区边沿出现裂缝；主要内因之二是地基不均和墙体结构变化处。西安城墙周长13.74km，地基基础均匀性差，城墙墙体与马面墙体、瓮城墙体、角台墙体的阴角或变截面处等应力集中点变形差异大，在其墙体上多形成下宽上窄的裂缝。

主要外因有两类：一是因降雨等自然因素造成的。海墁不均匀沉降导致海墁局部积水并出现沉陷区，雨水进入夯土层中，局部夯土不密实的区域沉降，致使夯土层与表层海墁砖层之间脱空，脱空到一定范围，砖层超出承受极限出现突然断裂，在海墁形成裂缝，裂缝出现后为雨水渗入夯土层形成了便利通道，进一步加剧海墁裂缝的发育，恶性循环甚至会引起墙体大面积垮塌甚至侧向坍塌；二是人类活动对墙体影响造成的：（1）历史上人们在城墙内部开挖了近2000个大大小小的孔洞，这些孔洞的存在破坏了城墙的受力结构，应力重分布导致新的卸荷裂缝的出现；（2）墙体负载过大，城墙一直是旅游热点，人流量大，电瓶车、自行车多，导致墙体荷载过大，出现许多裂缝；（3）周边交通和活动振动影响大，城门以及城墙内外两侧紧邻公路，车流量大，同时城墙上经常举行大型活动，这些振动是加速城墙裂缝发育不可忽视的因素；（4）城墙周边工程建设影响大，从20世纪至今，城墙内外建设不断，施工过程中降水和建成后荷载加大，都会使相邻城墙段发生较大沉降。

（二）墙面鼓胀

鼓胀多发生于外墙，表现为局部墙面显著向外突出，发育严重者，部分城砖已经顶出墙体，形成裂缝。鼓胀从海墁高度向下至墙脚的墙面均有发生。根据现场调查发现墙鼓胀主要发生于北门瓮城内西墙、北墙，南门瓮城内北墙，西门城楼下外侧南墙，14号马面，46号马面等部位。（如图6–7、图6–8）

鼓胀的出现主要是因为城墙内部夯土成分的复杂性。不同成分的夯土性能存在差异，当温度、含水率等条件发生改变时，会产生不同的胀缩变形，长此以往，夯土间黏结力降低，加之城墙上游人、车辆等的长期荷载作用，许多墙体开始出现鼓胀变形。

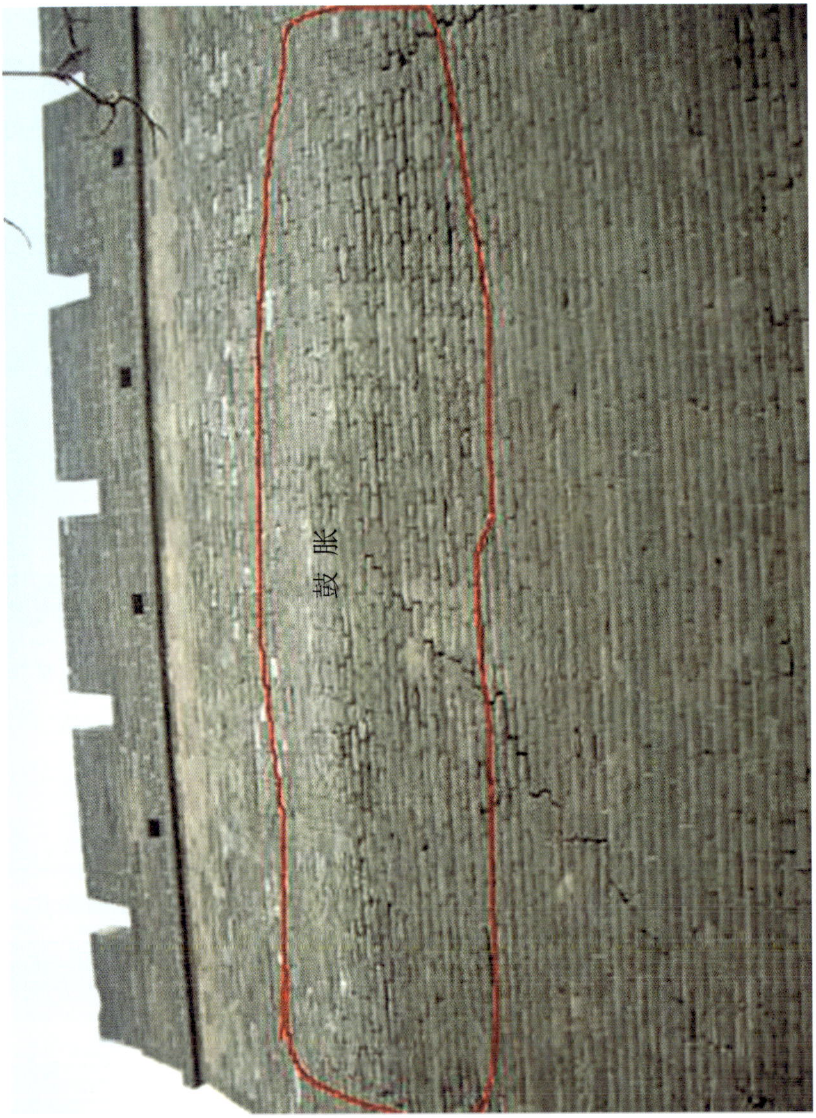

图 6-7 46 号马面外墙鼓胀

图 6-8　14 号马面区段外墙鼓胀

（三）不均匀沉降变形

不均匀沉降变形即是指城墙在不均匀沉降作用下，局部区域发生变形的病害。这些病害在不同位置分别表现为墙基下沉、海墁沉陷等不均匀沉降变形病害。

墙基明显下沉的情形较多见，而且下沉区域往往伴有典型的八字形沉降裂缝（图6–9、图6–10）。

海墁地面沉陷是不均匀沉降变形最为普遍的形式。2005年，我们对城墙顶部海墁沉陷现状进行了现场调查，调查结果见表6–2。通过调查我们发现在长13.7km的海墁一周，海墁地面沉陷随处可见，主要集中于南城墙与西城墙的海墁上（图6–11、图6–12），海墁沉陷破坏了城墙原有的排水体系，并在沉陷区域边缘发育成裂缝，导致雨水积聚并沿顶部裂缝下渗。

图 6–9　17 号马面区段地基下沉及裂缝

图 6-10　16 号马面区段地基下沉及裂缝

图 6-11　14 号马面区段海墁裂缝与沉陷区

图 6-12 32 号马面海墁沉陷区

表 6-2 西安城墙海墁沉降、裂缝调查表

编号	病害部位及情况	沉降、排水不畅面积及裂缝长度
NO.8-9	沉降、裂缝	3000cm×1
NO.11	排水不畅	约20m^2
NO.14	沉降、裂缝	约480m^2
NO.15	排水不畅	约20m^2
NO.16	沉降、裂缝（含内侧裂缝）	约450m^2
NO.17	排水不畅	约20m^2

续表

编号	病害部位及情况	沉降、排水不畅面积及裂缝长度
NO.18-19	排水不畅，裂缝南侧、北侧	南侧：1000cm×1 北侧：1100cm×1
NO.21	马面西侧沉降	—
南门城楼东南角	海墁沉降积水	约5m^2
NO.24	沉降、排水不畅	约8m^2
NO.28	马面整体沉浸	—
NO.25-26	北侧	2300cm×0.5
NO.26-27	南侧	6300cm×1.5
NO.31	马面整体下沉，海墁裂缝两条	约140m^2
NO.36-39	整体裂缝、沉降、积水	—
NO.43	马面及周围海墁沉降	—
NO.48	沉降排水不畅	约8m^2
NO.玉祥门	纵向	1200cm×（0.5—3）
NO.49	沉降、排水不畅	约20m^2
NO.西北角	从南向北　A B C D	A 460cm×（1—3） B 10300cm×（1—3） C 1600cm×（1—3） D 740cm×（1—3）

续表

编号	病害部位及情况	沉降、排水不畅面积及裂缝长度
NO.60-61	整体沉降、排水不畅	—
NO.86	纵向	2600cm×1
东北角	沉降、裂缝	3400cm×6
NO.92	整体沉降、排水不畅	—
小东门	踏步北侧海墁整体排水不畅	—

（四）人工洞穴

近代以来，西安城墙历经民国战乱、抗日战争、解放战争等战火的洗礼，破败不堪，同时在战争中所挖的防空洞、暗堡等很多，加上20世纪70年代的“深挖洞”运动影响，大小单位、普通民众纷纷开挖城墙，城墙内部早已经是千疮百孔（图6-13～图6-16）。据相关资料介绍，城墙内部洞穴达2000余个，其中城墙内侧有洞穴千余个，外侧有洞650余个，这些洞穴中民国时期所挖的仅600余个，大量洞穴均是在中华人民共和国成立以后挖掘的。有的现在还是人防工事，砖砌的拱形人防地道，如图6-17。在安定门附近地下人防通道更是由混凝土建筑而成，实测宽约为2m，高约为2.3m，断面见图6-18。

图 6-13　35 号马面海墁下洞穴

图 6-14 20号马面区段城墙脚侧壁洞穴

图 6-15 含光门城墙内部洞穴

图 6-16　14 号马面探井侧壁发现城墙内部洞穴

图 6-17　南门城楼下人防地道

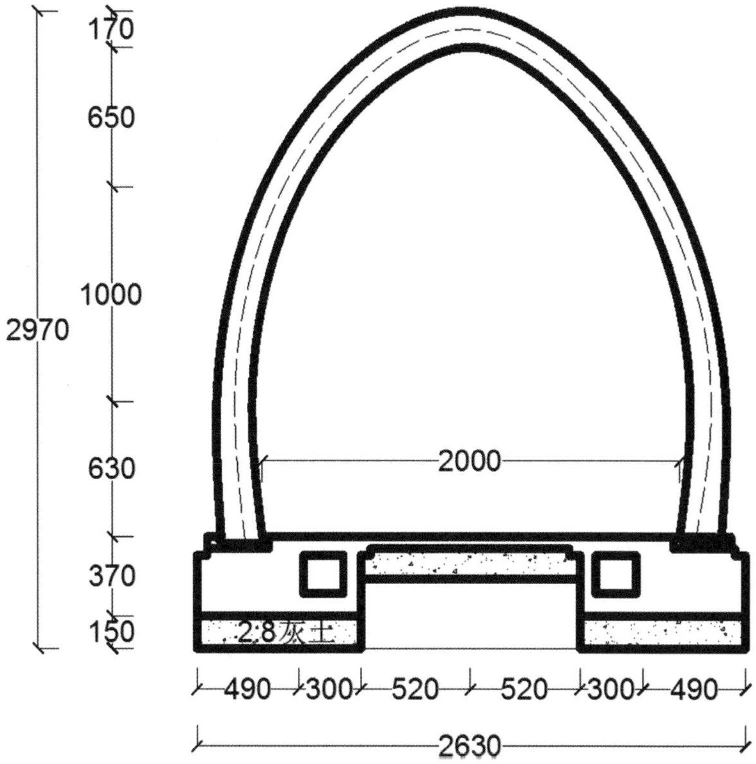

图6.18 地下人防通道全砖拱断面（单位：mm）

更多的洞穴是没有砖砌拱顶，直接在夯土层挖掘，有的拱顶已有裂缝，甚至坍塌。在20世纪80年代的大修中，曾经将这些洞穴中的一部分利用水泥桩、砖等进行了支撑处理，但是剩余的大部分并没有进行处理，只是封住了洞口，这造成了极大的安全隐患。

洞穴的存在破坏了城墙的整体稳定性，在外力荷载及自重作用下，应力在洞穴边缘集中，长期作用下，容易导致城墙裂缝的出现与塌陷的发生；同时，洞穴分布于墙体和墙基处，改变了墙体的结构和地基条件，容易导致墙基下沉；此外，洞穴的存在本身就易导致水分的聚集，这会加速墙体内部土体的软化，降低其强度，增加墙体塌陷的危险。墙体塌陷这样的事例在西安城墙上并不少见，如1983年位于安远门箭楼东侧的一段墙体垮塌，以及2004年西墙南起第一马面处的夯土塌陷都是这类问题的典型代表。此外，目前位于西门箭楼北侧的部分墙基下沉，也是防空洞的存在导致的。

（五）城砖表面风化

现场调查发现，城砖表面风化主要表现为三种破坏形式，一是泛盐（也称泛碱），即盐分通过结晶作用在墙体表面聚集，引起城砖表面发白的现象，大量出现的泛盐现象不但大大影响西安城墙的整体美感，而且会降低砖材的力学强度造成脱落、粉化，甚至对墙体的稳定性和安全性都造成威胁；二是剥蚀，即在内部作用力和外部作用力的影响下，城砖表面出现疏松起壳，进而在外力或重力作用下成片状或小块状脱落的现象，大面积的脱落有可能导致城墙结构性病害的发生，进而威胁城墙的稳定性和安全性；三是酥碱，即在可溶盐的溶解结晶等作用下，城砖表面的微观结构出现裂缝，日积月累之下，出现粉化等现象，导致城砖表面或者内部酥粉，手触即成粉末，通过现场调查发现城砖表面风化在海墁、内外墙体上均随处可见，我们对破坏较严重的部位进行了统计，统计结果见表6-3。

其中泛盐主要出现在城墙墙体的中上部（7m～12m）、顶部海墁层以及排水沟附近（图6-19、图6-20），且呈现出外侧较内侧严重、南墙较北墙严重、西墙较东墙严重等特点。此外，另一个显著特点是新砖较老砖更易发生泛盐现象，如海墁层因多为1983年所换新砖，故泛盐较墙体严重，而在此之后，如2007年修复城墙内侧南门与文昌门间的坍塌墙体所用新砖，泛盐表现更为突出，这可能与砖的工艺有关，因而对仿古青砖的工艺研究显得十分重要。

而剥蚀在整个城墙墙面随处可见，其中在城墙的南侧和西侧、海墁的出水口下方以及上下城墙坡的侧面比较严重。其特征是砖缝蚀空，城砖脱落，砖体硬度降低易碎，墙面呈凹凸不平状（图6-21、图6-22）。

表 6-3　西安城墙墙体泛盐、风化剥蚀情况调查表

编号	部位	情况描述
NO.2	墙体	整体剥蚀、泛盐
NO.8	建国门西墙体、马面上部， NO.7—8马面海墁	剥蚀、泛盐严重
NO.9	马面东、西两侧， NO.8—9靠近女墙内侧海墁	剥蚀、泛盐严重
NO.9—10	海墁整体	剥蚀、泛盐严重
NO.11	东侧墙体、马面整体	剥蚀、泛硝盐
NO.12—13	NO.12马面整体、NO.13马面西侧墙体	整体剥蚀、泛盐
NO.16	马面东侧墙体向东1—4垛墙下	局部剥蚀、泛硝盐

续表

编号	部位	情况描述
NO.20—21	NO. 20马面西侧墙体， NO. 20—21城墙上半部分	局部剥蚀、泛盐
NO.22	南侧第4垛口墙体、马面西侧墙体	局部剥蚀、泛盐
NO.28	西侧第3垛口处墙体	局部剥蚀、泛硝盐
NO.29	马面南侧和东侧墙体	局部剥蚀、泛盐
NO.31	马面整体	整体剥蚀、泛盐
NO.32	马面整体	整体剥蚀、泛盐
NO.33—34	NO. 33马面整体， NO. 34马面南侧第10—30垛口之间	NO. 33整体剥蚀、硝盐， NO. 34局部剥蚀、泛盐
NO.33—34	海墁整体	整体剥蚀、泛盐
NO.38—39	NO. 38南侧至NO. 39马面墙体	整体剥蚀、泛盐
NO.43	马面南侧	局部剥蚀、泛盐
NO.51	西侧墙体、南侧墙体	局部剥蚀、泛盐
NO.53	西侧墙体、南侧墙体	局部剥蚀、泛盐
NO.56—57	NO. 56—57马面上半部墙体、 NO. 57马面东南北三面大部分	大面积剥蚀、泛盐
NO.57—58	NO. 57—58马面上半部分大面积墙体	大面积剥蚀、泛盐

续表

编号	部位	情况描述
NO.61	马面西侧大面积墙体	大面积剥蚀、泛盐
NO.62	马面西、北小面积墙体	局部剥蚀、泛盐
NO.66	马面西侧大面积墙体	大面积剥蚀、泛盐
NO.67	马面东、北侧小面积墙体	局部剥蚀、泛盐
NO.69	马面整体	整体剥蚀、泛盐
NO.70	马面西侧墙体、北侧大面积墙体、东侧小面积	大面积剥蚀、泛盐
NO.70—72	NO. 70—71马面上半部分通体墙，NO. 70—72马面部分墙体	大面积剥蚀、泛硝盐
NO.72	马面三面墙体	局部剥蚀、泛盐
NO.73—74	NO. 73马面西侧墙体，NO. 73—74整体墙体，NO. 74马面北侧	大面积剥蚀、泛盐
NO.77	马面北侧墙体	局部剥蚀、泛盐
NO.82	西侧墙体	局部剥蚀、泛盐
NO.83	马面西侧墙体	局部剥蚀、泛盐
NO.84	马面东侧墙体	局部剥蚀、泛盐
NO.85	马面三面墙体	大面积剥蚀、泛盐
NO.87	马面西南侧墙体	局部剥蚀、泛盐

续表

编号	部位	情况描述
NO.88	马面南侧墙体	局部剥蚀、泛盐
NO.91	马面东侧墙体	局部剥蚀、泛盐
NO.93	马面整体墙体	整体剥蚀、泛盐
NO.95—中山门	马面整体向北至中山门	大面积剥蚀、泛盐
NO.96	马面南侧、北侧墙体	大面积剥蚀、泛盐
NO.97	多处墙体	局部剥蚀、泛盐
NO.98	东侧墙体	局部剥蚀、泛盐
东南角台	两侧踏步	整体剥蚀、泛盐
南门瓮城	内侧以东墙面、登城坡道及门洞东侧内侧以西墙面，外侧东、南、西墙，外侧北墙偏西	大面积剥蚀、泛盐
西门瓮城	外侧南墙体，东、西两门洞，内侧西墙南北墙面	局部剥蚀、泛盐
北门瓮城	西登城坡道及墙体，外侧南墙	大面积剥蚀、泛盐
小南门	内侧东墙体、内侧马道墙面、内侧西墙第4排水槽处	大面积剥蚀、泛盐

图 6-19 盐分引起的泛盐（安定门内侧）

图 6-20 盐分引起的泛盐（城墙海墁）

图 6-21　东北角外墙城砖片状剥蚀

图 6-22　砖体片状剥蚀

城砖表面风化产生的原因主要有以下四个方面：

（1）墙盐分的不断溶解收缩—结晶膨胀—再溶解收缩—再结晶膨胀，在这个循环过程中破坏了墙体原有的晶体结构，严重降低了墙体力学性能，其结构就遭到破坏，晶体结构变得松散、粘聚力下降、强度降低，在遗址表面就会形成凹凸不平的结构面，凹凸不平的表面土体由于相互之间的连接作用减弱，在外营力的作用下表面薄弱部分渐渐出现粉化、脱落等现象。通过对西安城墙泛盐部位取样研究发现其成分多为NaCl、$NaNO_3$、无水芒硝、$Na_2SO_4\cdot 10H_2O$等，其来源主要有三种，即城墙本身（包括城砖和内部夯土体）所含盐分、地下水中可溶盐和降雨中所含可溶盐。

（2）水分作用，特别是酸雨冲刷，西安地区1～3月和10～11月降雨pH低，酸雨出现频率高，其中3、5、11月降雨pH最低，为4.2～4.4，随西安工业化发展，pH呈现降低趋势，酸雨出现频率增加。砖体与砖体之间的胶结材料，主要是白灰层和颗粒较大的砂粒，白灰层经过空气中二氧化碳作用形成碳酸钙，起到胶结作用。随着酸雨或雨水的长期冲淋，以及空气中二氧化碳、二氧化硫等气体增多，这些酸性气体与水分结合成碳酸和亚硫酸等，与碳酸钙作用形成可溶性的碳酸氢钙，随雨水流失。这些胶结物质流失后造成墙体剥蚀，甚至砖体不稳，脱落等病害。主要反应如下式：

$$CaCO_3 + H^+ \longrightarrow Ca^{2+} + CO_2\uparrow + H_2O$$

$$CaCO_3 + CO_2 + H_2O \longrightarrow Ca(HCO_3)_2$$

同时，水分的存在促进了盐分的溶解收缩和结晶膨胀，加剧了盐害的发生。此外，干湿循环的变化，即水分运移作用，更是盐分运移发生的必要条件，是盐害发生的重要帮凶。

（3）温度，温差变化是城墙表面风化的一个重要因素，城砖内部组分复杂，而不同矿物之间膨胀系数不同，在温度发生变化时，砖体易因各部分变形不一致而产生裂缝；此外西安地区日温差较大，而砖是热的不良导体，当温度发生变化时，热量来不及传导，导致城砖表面与内部温度不一致，致使城砖各部分胀缩变形而在表面出现裂缝。此外，西安地区冬季寒冷，气温常在0℃左右，易发生冰劈作用，导致城砖表面出现微小裂缝。长年累月之下，这些因温差变化形成的裂缝逐渐发育，最终导致城砖逐渐被切割成小碎块，发生表面风化破坏。

（4）其他因素，如风吹、日晒、动物的攀爬、营穴等造成的表面风化。

三、监测数据

（一）墙体的监测

1. 沉降监测

城墙墙体基础、海墁多发生不均匀沉降变形，沉降变形监测是变形监测的重点。我们在有裂缝的墙体周围、四个瓮城内外墙体等病害位置墙体底部设置沉降观测点，在海墁存在裂缝的区域平面设置沉降观测点。沉降观测采用假设高程系统，监测依据现行相关规范执行。

自2006年至2012年近6年的西安城墙监测点累计沉降变形量见表6-4。

表 6-4 西安城墙累计监测变形量表

监测部位	监测时间	裂缝宽度增加量/mm	鼓胀变形量/mm	累计沉降量/mm	备注
8号马面段	2007.10.26—2012.12.27	4.0		-6.74	—
14号马面段	2006.1.25—2012.12.27	4.0（海墁） 0.5（内墙）	1.0 ~ 2.0	-19.47	监测时间段内正在维修加固
16号马面段	2006.1.25—2012.12.27	3.0	2.0	-98.88	监测时间段内正在维修加固
16—17号马面段海墁	2011.1.28—2012.9.2	—	—	-2.32	监测时间段内正在维修加固
17号马面段	2007.10.26—2012.12.27	3.0	—	-2.35	监测时间段内正在维修加固
19号马面段	2007.10.26—2012.12.27	变形较小	—	-5.07（海墁） -5.61（外侧）	

续表

监测部位	监测时间	裂缝宽度增加量/mm	鼓胀变形量/mm	累计沉降量/mm	备注
21号马面段	2007.10.26—2012.12.27	1.7	—	−4.22	—
23号马面段	2007.10.31—2012.12.28	变形较小	—	无沉降现象	—
小南门券洞顶部	2012.4.21—2012.12.28	变形较小	—	—	—
29—30号马面段	2007.11.1—2012.12.28	—	—	−22.55	垛墙和海墁相接处最大隆起约18.09mm
32号马面段	2007.12.7—2012.12.28	局部替换整修后，无明显裂缝	—	−15.56	维修加固后沉降变形逐渐减小并有隆起的趋势

续表

监测部位	监测时间	裂缝宽度增加量/mm	鼓胀变形量/mm	累计沉降量/mm	备注
41号马面段	2007.7.23—2012.12.28	变形不大	5.4	-33.69（敌楼） -16.66（海墁） -16.43（外墙）	—
43号马面段	2007.11.5—2012.12.28	1.7	—	-13.13	—
44号马面段	2007.11.5—2012.12.28	5.5	—	-7.56	—
45号马面段	2012.6.21—2012.12.28	—	—	-35.31（海墁）	2012年11月，沉降速率急剧增加，发生突变性变形
46号马面段	2007.11.1—2012.12.28	2.4	2.4	-5.1	—
玉祥门北海墁	2007.11.6—2012.10.26	—	—	-30.6	—
51号马面段	2012.1.18—2012.12.28	1.0	—	—	—

续表

监测部位	监测时间	裂缝宽度增加量/mm	鼓胀变形量/mm	累计沉降量/mm	备注
西北角	2007.11.5—2012.12	3.1（海墁） 5.0（外墙）	—	-19.25（海墁） -6.09（外墙）	—
61号马面段	2012.1.18—2012.12.28	变化较小	—	—	—
68号马面段	2007.11.5—2012.12.28	变化较小	—	-5.36	—
70号马面段	2007.10.29—2012.12.27	4.0	—	-2.72	—
74—75号马面段	2010.2.8—2012.12.27	—	—	-11.17	—
东北角	2007.10.29—2012.12.27	5.5	—	-9.69	—
86号海墁	2012.4.10—2012.12.27	—	—	-7.86	—
89号海墁	2012.1.16—2012.10.26	—	—	-8.69	—
91号海墁	2012.1.16—2012.9.2	2.5	—	-1.68	—
96号马面段	2007.10.29—2012.12.28	1.0	—	—	—

取45号马面观测为例，2012年6月21日发现45号马面段沉降变形速率较快，加密观测频次，到2012年12月28日11次观测中，统计沉降最大点45-S11观测点的沉降量，短短半年时间内累计沉降量就达到了35.31mm，绘制累计沉降随时间变形曲线，沉降变形曲线无平缓收敛迹象，其余各沉降点变形速率在11月这一个月内急剧增加，变形发生突变性增大。种种证据说明该段城墙安全性已经达到危险预警值。（见表6-5、图6-23）。

表 6-5　45-S11 观测点沉降变形

观测日期	高程 /m	沉降量 /mm	
		本次	累积
2012.6.21	3.61454	—	—
2012.6.26	3.61442	-0.12	-0.12
2012.7.6	3.61242	-2.00	-2.12
2012.7.17	3.61307	0.65	-1.47
2012.7.28	3.61039	-2.68	-4.15
2012.8.14	3.60926	-1.13	-5.28
2012.9.4	3.60826	-1.00	-6.28
2012.9.24	3.60380	-4.46	-10.74
2012.10.11	3.60134	-2.46	-13.20
2012.10.26	3.59715	-4.19	-17.39
2012.11.26	3.58931	-7.84	-25.23
2012.12.28	3.57923	-10.08	-35.31

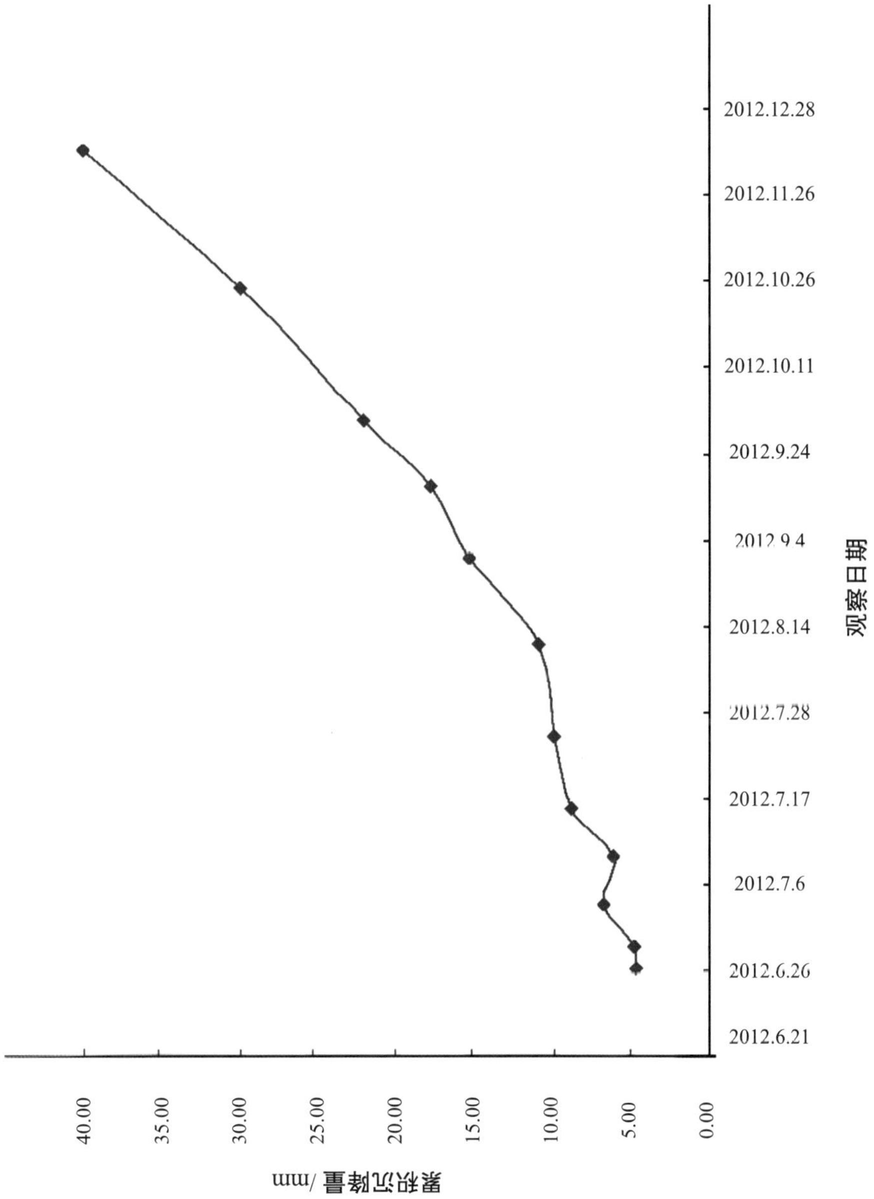

图 6-23　4号-S11 观测点沉降变形曲线

在后期紧急勘察中发现海墁砖层下夯筑土裂缝最宽为300mm，在海墁下4.0m深度内，井壁土松散异常，次生多条细裂缝，情况非常危险（图6-24、图6-25）。沉降监测及时发现了险情，并通过预警，树立了我们在城墙保护的预警防线。

图 6-24 探井内裂缝（表层）（镜头向南、向下）

图 6-25　探井内裂缝局部放大

2. 墙体裂缝监测

墙体裂缝宽度观测采用的方法为在裂缝旁设置十字钢尺作为观测标志，如图6-26，利用仪器或小钢尺进行测量，测量数据精确至0.1mm。通过比较每期观测时所测得裂缝观测标志间的距离，便可获得裂缝宽度变化值。

图 6-26　32 号马面墙体裂缝宽度观测牌

长时间裂缝宽度监测，可以掌握其变化规律，为安全性评价提供依据。如安定门某处墙体裂缝上下贯通整面墙体，宽度在10mm～100mm。该裂缝自2006年12月22日起开始观测，对历次观测资料进行总结分析，绘制裂缝宽度变化随时间改变的关系图（图6-27）。从图中可以看出，该裂缝在近10年中宽度变化在-0.4mm到1.2mm之间（负值表示裂缝变窄，正值表示裂缝变宽），这表明该裂缝目前基本处于稳定状态。

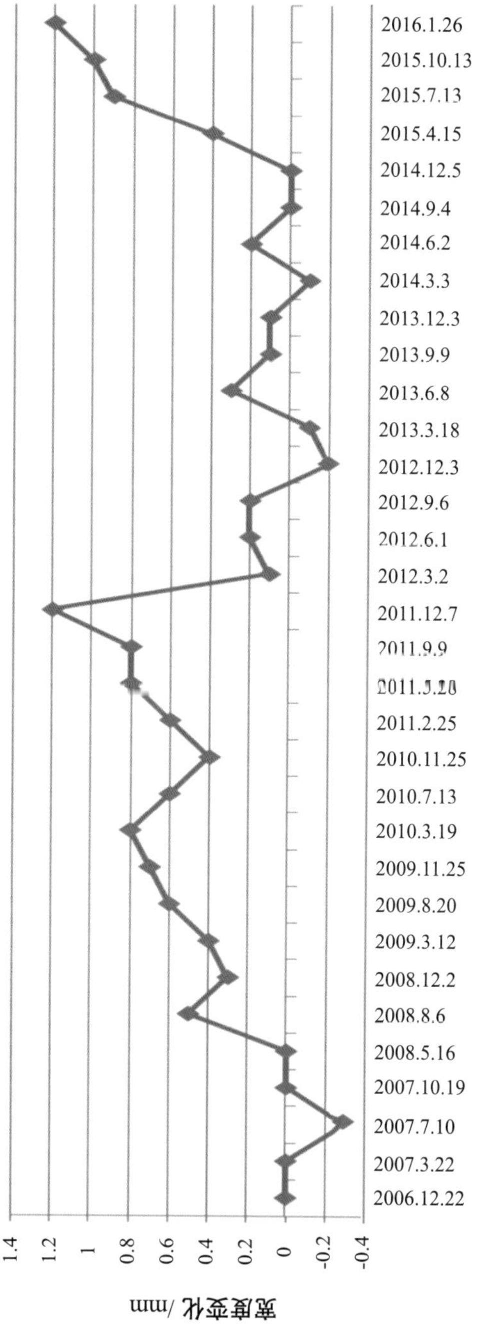

图 6–27　X5–1 裂缝宽度变化 – 时间曲线

3. 墙体鼓胀监测

墙体鼓胀通过水平位移监测来体现，监测过程中主要使用日本莱卡TCR402全站仪（测距2mm+2ppm），采用复测距离的方法进行观测，观测精度要求按距离观测设定精度。

水平位移观测分为城墙墙体水平位移观测和城墙顶部水平位移观测，如图6–28，在14号马面处的城墙海墁上设置了四条测线，内侧墙体上设置了两条测线。具体来说，城墙墙体水平位移观测是在城墙墙体上设置观测点，观测点标志采用固定反射片，观测距离为斜距，同时测量垂直角；每期观测前，应测定温度、气压等气象数据，测距边经改正后，计算城墙墙体位移变化量。城墙顶部水平位移观测是在城墙顶部设置观测点，并在宇墙和垛墙上设置强制对中装置；每期观测，将全站仪和棱镜分别设置在对中装置上，通过各期观测距离的较差，计算城墙顶部位移变化量。

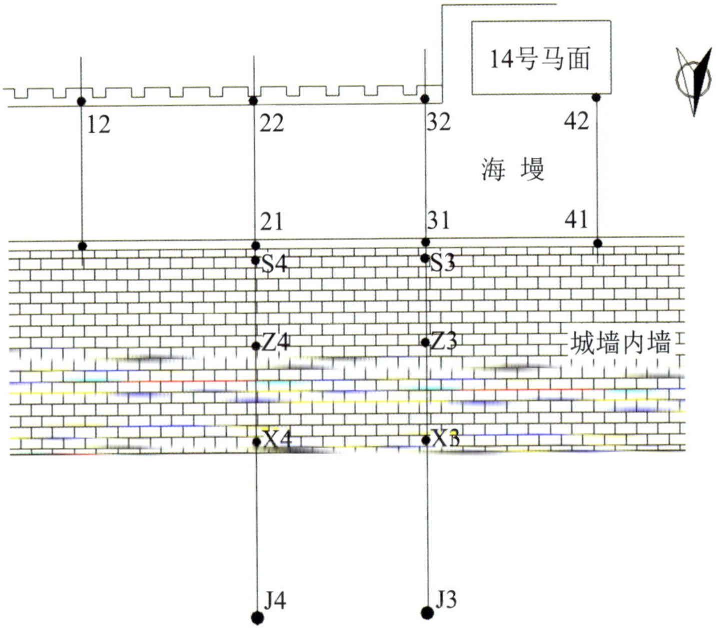

图 6–28 西安城墙 14 号马面处城墙水平位移观测点布设示意图

（二）土遗址的监测

1. 三维扫描仪

含光门土遗址经历了1400多年的自然侵蚀和人为作用，特别是发掘后由于环境条件的变化，土遗址上出现了多处比较明显的裂缝（图6–29），个别地方还存在坍塌的隐患。

土遗址形状不规则，表面凹凸不平，墙体裂缝40余条，无法用传统的方法进行变形监测。传统的遗址变形监测项目只能通过传感器、百分表、全站仪等传统测量手段对预先设计好的变形点进行单点观测，从而体现该点的变形效果。这种监测方式需要预先埋设监测点，只能对特定的部位进行监测；同时采用这种方法通常是必须要接触被观测物的，这对土遗址而言是不被容许的；此外，传统的测量手段通常只能适用于形状规则的遗址或者是遗址局部以及特定点的测绘，而对形状极不规则的复杂遗址的全面监测则显得无能为力。

随着三维扫描技术的出现，特别是非接触三维扫描技术的出现，遗址的全面监测有了一种全新的手段。首先是无接触点测量，运用该技术无论测量危险目标、环境，还是测量柔性或作业人员难以企及的目标，既无须反射棱镜，也无须进行任何表面处理就可以直接采集物体表面完全真实可靠采样率高的三维数据；其次摆脱了外部光照等条件的制约（不拍照的情况下），获取数据主动性强、实时性强；再次，测速快，通过制定周密的测绘方案，就可以获取详细描绘物体细节的大量数据；最后高密度、高精度的点云数据具有全数字化特征，易于传输、加工、表达。点云既能以坐标测量、切片浏览、三维建模等方式满足测量者的需求，又能将数据模型发布到互联网上。利用三维激光扫描技术，可以深入到复杂的现场环境及空间进行扫描操作，并可以直接实现各种大型的、复杂的、不规则的、标准或非标准的实体或实景三维数据完整的采集，进而快速重构出实体目标的三维模型及线、面、体、空间等各种制图数据。

正是考虑到三维激光测绘技术相对于传统文物测绘技术的诸多优点，作者采用FAROX330三维激光扫描仪，对含光门土遗址进行三维激光扫描试验（图6-30）。FARO的相位式大空间三维激光扫描仪拥有近百万点每秒的测量速度，以及小于1mm的测量重复精度，是相位式扫描仪中速度最快性能最优的产品。

主要进行的试验工作有三维全貌扫描、局部精确扫描和局部主要裂缝精确扫描等。本次扫描共28个站点，测站平面位置部分示意图见图6-31。

图 6-29　含光门土遗址东部隔墙裂缝（2005 年）

图 6-30　三维激光扫描测试仪器及扫描现场照片

图 6-31　扫描测站平面图（部分）

本次扫描共28个站点，原始数据8.8GB，导入SCENE软件进行数据的去噪、拼接、染色，最后绘制成图，可以获得全景、剖面、裂缝细部等各类图，如图6-32～图6-34。

图 6-32　门道遗址扫描全景图

图 6-33　门道遗址扫描成果图

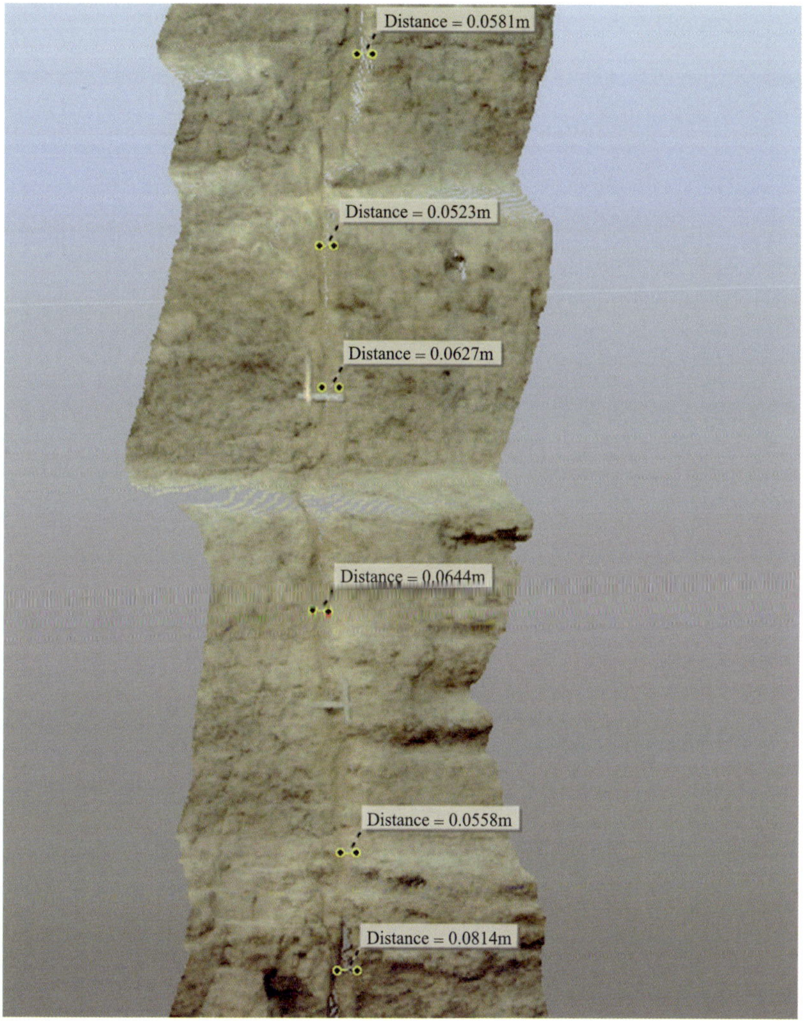

图 6-34 门道遗址裂缝细部图

2. 温度、湿度与光照监测

由于含光门遗址博物馆已使用空调、干湿器对遗址环境进行适度调节，使得长期监测的数据基本呈现平稳变化的状态，选择了有代表性的数据进行展示和分析。

利用传感器进行3min一次数据采集。图6-35显示了2009年6月1日至6月30日的温度，图6-36显示了含光门涵洞2009年6月12日的温度数据。当月温度保持在18℃～26℃之间，其中大多数是保持在20℃～22℃之间，只有在6月18日出现异常，可能是由于停电通风设备出故障的原因造成的；而从6月12日单日温度变化图显示，整体呈平稳态势，保持在23℃～26℃之间，只是下午14点时，出现小波动。

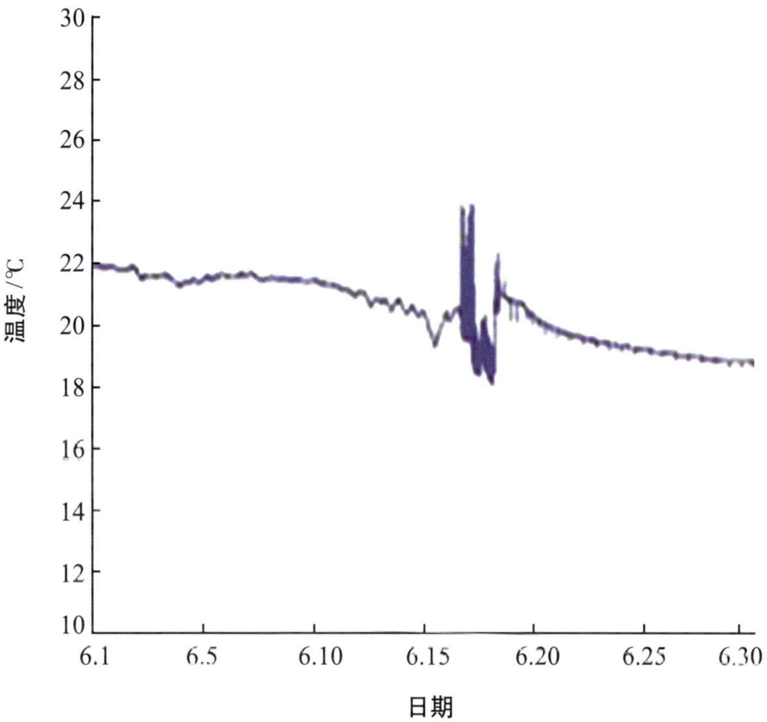

图 6-35 含光门涵洞 2009 年 6 月 1 日至 6 月 30 日温度变化图

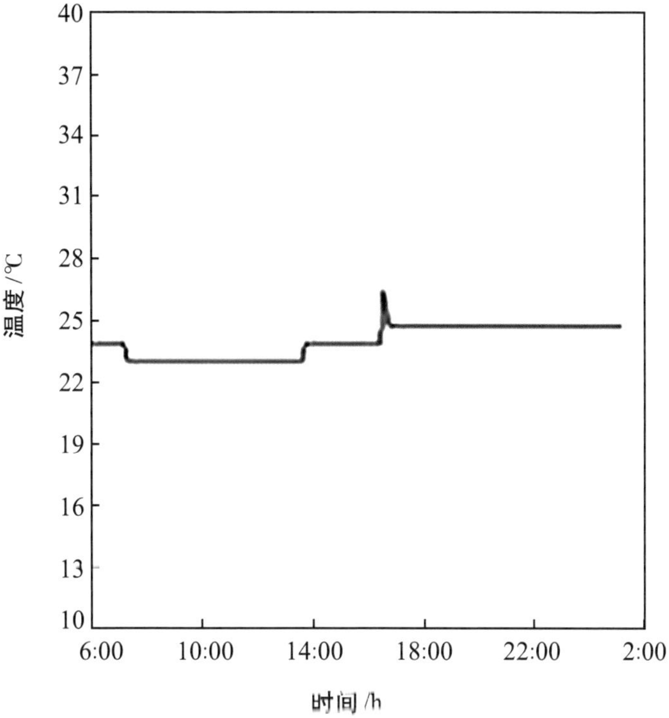

图6-36　含光门涵洞2009年6月12日温度变化记录图

利用传感器进行3分钟一次数据采集。图6-37显示了2009年6月1日至6月30日的湿度，图6-38显示了含光门涵洞2009年6月12日的湿度变化数据。当月湿度在60%～85%之间，95%的时间基本保持在60%～70%之间，6月12日湿度保持在62%～68%之间幅度，6月18日存在异常，湿度高达85%。湿度异常报警后，工作人员检查是由于当时涵洞漏水，造成当天湿度数据异常。

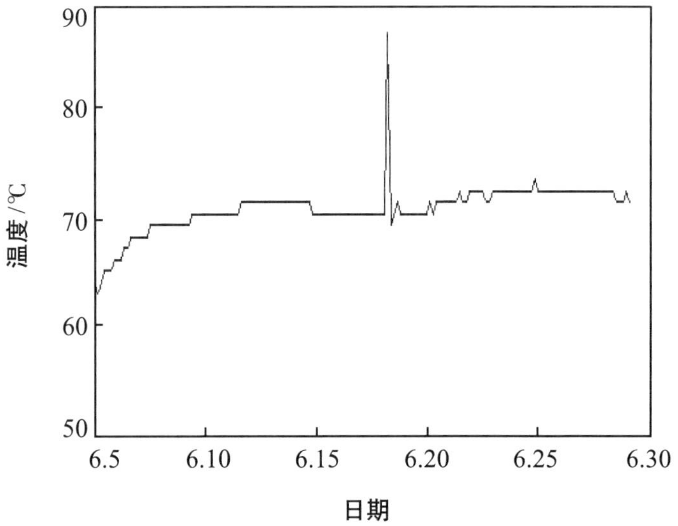

图 6-37 含光门涵洞 2009 年 6 月 1 日至 6 月 30 日湿度变化图

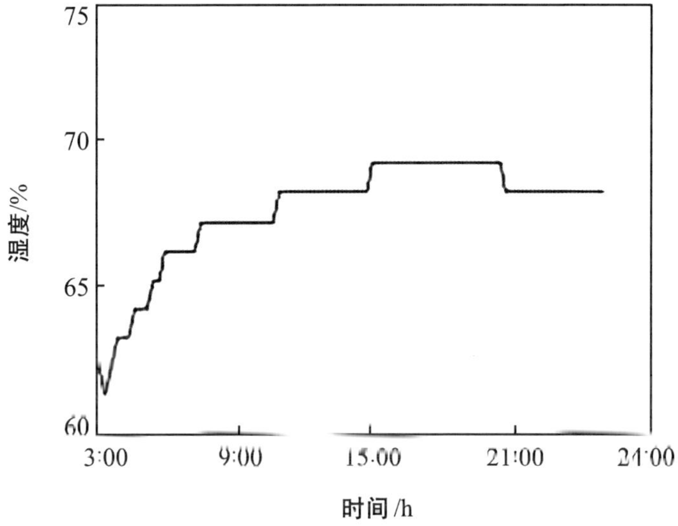

图 6-38 含光门涵洞 2009 年 6 月 12 日湿度变化记录图

利用传感器进行3min一次数据采集，其中6月12日的光照强度数据分布如图6-39所示。一天内涵洞中光照强度变化情况，早上10点至晚上22点涵洞中光强保持在400lx～700lx之间，晚上22点后，光强骤然变为0，变化的原因是早上涵洞内的开灯，随后部分室外光照增强导致涵洞光照小幅增强，晚上关灯，涵洞内的光照强度呈此变化趋势。灯以20W为例，天以晴天为例，365nm的比例约为1∶500，我们可以通过光强计算出紫外线的强度，以计算光强度对土遗址的危害。

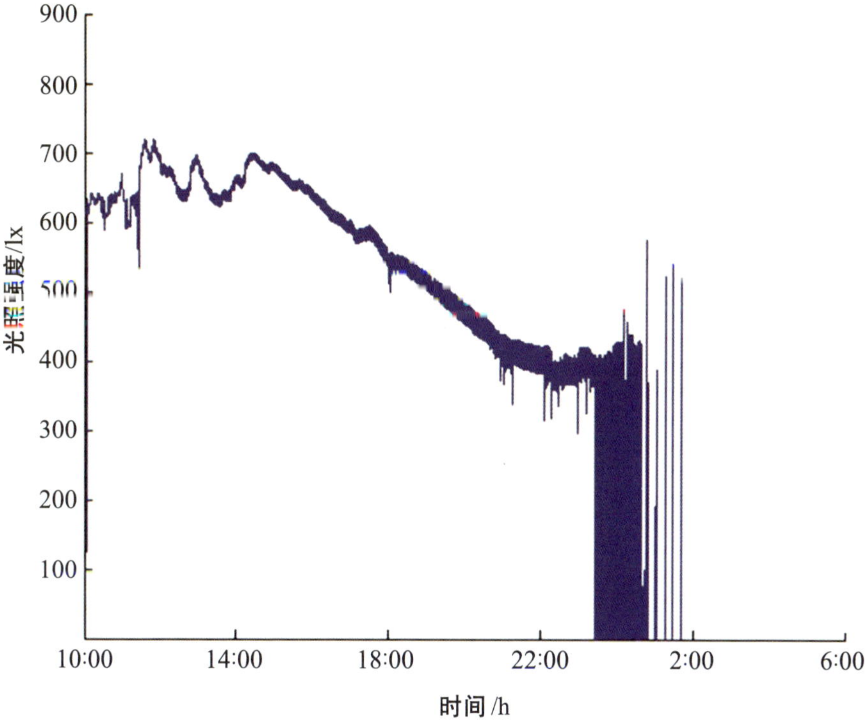

图 6-39　含光门涵洞 2009 年 6 月 12 日光照强度记录图

第二节　现场调查

一、地形地貌调查

1. 地形地貌的变迁

研究地形地貌的变迁首先要研究大的区域性的地形地貌的变迁，也就是现阶段的地形地貌是如何来的。如本书第二章所言，西安城墙的地形地貌研究首先研究的是西安断陷区的由来，西安断陷区自上更新世晚期被三门湖占据，早更新世湖水面积更大，中更新世三门湖开始萎缩，于中更新世晚期，大约距今15万年，三门湖的主体逐渐退出西安断陷区。三门湖的萎缩与华中地区大地构造活动有关，此时地质作用骊山隆起，湖水自东南向西北逐渐退缩，白鹿塬于最早期露出水面，各湖相堆积露出水面后，在其上堆积发育黄土地层。只有了解了这些，才能够明白为何城墙区域下部地层为何为湖相地层。

其次要了解城墙修建时的地形地貌情况。如本书第二章所言，隋唐长安城六爻与城墙的相对应关系，很大程度上能够了解城墙修建时的地形地貌情况，如图2-3所示，第一道高坡即上九，为狭义的龙首原，隋朝的宫城大兴宫就建在它的南缘。第二道高坡即九二，为劳动公园黄土梁，因为《周易》乾卦卦辞说：“九二”是“见龙在田”，象征着“真龙”出现在地上，因此，只能在“九二”高地上布设宫殿，“以当帝王之居”。这就是太极宫城的设置。第三道高坡即九三，为槐芽岭黄土梁，在宫城之南，被认为是“君子终日乾乾，夕惕若厉”的地方，把政府机关安排在这里，自然可显示文武百官效忠皇帝，努力工作的情况。因此，集中了行政办公机构的皇城就布置在紧靠宫城的南侧。宫城皇城占据有利地形，又与市坊隔离，除考虑防御安全外，也有便于工作的意义在内。所谓“皇城之内，惟列府寺，不使杂居，公私有辨，风俗整齐，实隋文之新意也”，就是说这种创新。九五高地的东部，南有乐游原，北有胭脂翡翠坡，是隋唐长安城中的著名之区。乐游原海拔450m，是城内地势最高的塬头，登上原顶可以俯瞰全城风光，“京城之内，俯视指掌”。宇文恺在乐游原南侧建立灵感寺，用于追祭修城时搬迁坟墓主人们的幽灵，这就是后来唐代著名的青龙寺。而对原面却基本不做处置，空下来供给京城市民登高游乐之用。胭脂翡翠坡在今西安交通大学校园范围，是隋唐长安城歌妓的集中居地。上九是大雁塔黄土梁，隋代也设寺观于高冈，唐初发展成著名的大慈恩寺，今存大雁塔即唐时的建筑。

只有了解了这些历史情况，才能够明白为何现阶段城墙大部分区域处于二级洪积台地上，而仅东南角位于三级湖积台地上。

2. 现地形地貌

现阶段地形地貌的判定要结合区域性地形地貌和钻孔记录综合判定，判定的过程要从大的区域性地形地貌情况再到小的微地形地貌情况。

首先，西安地区下伏地层是湖相地层，由于地质作用，黄土覆盖层发育的时间不一致，形成了一级、二级、三级台地，四级、五级阶地。南起秦岭，北至渭河，西安地貌可分为五个区：秦岭山地、山前洪积倾斜平原、黄土塬、洪积湖积台地、渭河阶地及支流阶地。

对于西安城墙来说，所涉及的主要为二级洪积台地和三级湖积台地，二级洪积台地堆积物上部为晚更新世黄土，有一层古土壤，下部晚更新世早期冲洪积层，由粉质粘土夹薄层砂构成。三级湖积台地堆积物为晚更新世和中更新世黄土，有两层古土壤，其下为中更新统世冲洪积层，由粉质粘土夹薄层砂构成。两者下部均为湖相冲洪积层，即粉质粘土夹砂层。

通过地质调查了解了上述情况之后，再与钻孔的地层情况进行对比，不难发现，西安城墙的北墙、东墙（东门以北）、西墙、南墙（和平门以西）皆为二级洪积台地；西安城墙的东墙（东门以南）、南墙（和平门以东）为三级湖积台地。

二、地基及内部夯土的情况调查

地基及夯土情况的调查可参考西安城墙14号马面的调查研究。

1. 地基情况

根据勘察资料，最初修筑城墙时，人们先挖了较墙体更宽的基槽，然后在基槽内分层夯筑土层，构成了分层夯实的填筑土基础，基础以下就是原始堆积的黄土或黄土状土层，组成了城墙基础的地基，基础以上以黄土为原材料，分层夯筑形成夯土墙体。

为分析城墙地基土性质，取样进行室内试验，以14号马面的试验结果为例，绘制湿陷系数与压力关系曲线见图6–40。绘制孔隙比与压力曲线见图6–41。

图6-40中，16m深度土样湿陷起始压力大于100kPa；15m和17m土样湿陷起始压力接近或大于200kPa；曲线平缓，随着压力的增大，湿陷系数增加缓慢；当试验压力增到400kPa时，最大的湿陷系数为0.05。

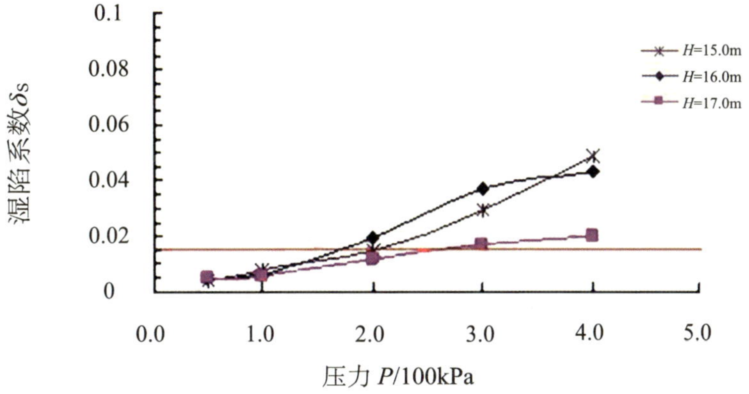

图 6-40　14 号马面钻孔 14-1# 钻孔地基土的湿陷系数（δ_s）—压力（P）关系曲线

图6-41中表明，土质均匀，该层上压缩量较大；曲线较陡，随着压力的增大，压缩量增幅较大；当试验压力增到400kPa时，最小孔隙比为0.65。

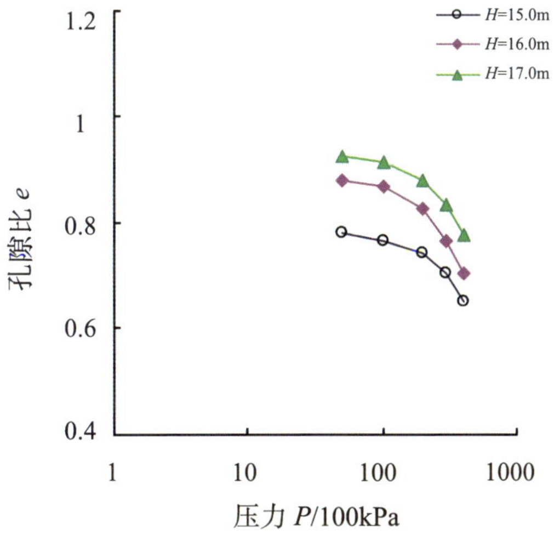

图 6-41　14 号马面钻孔 14-1# 钻孔层地基土孔隙比（e）—压力（P）曲线

总体而言，西安城墙地基土土质均匀，大孔隙、针状发育，多具中等湿陷性，密实程度中等，属中压缩性土。

2. 夯土情况

从钻孔、探井芯样和探槽井壁的现场观察描述，夯筑土主要由黄土或黄土状土粉质粘土组成，含或混有碎砖、瓦片等，一般含量少许，局部含量较高。为进一步分析夯筑土的物质成分，从物源上根本认识夯土本性，我们采样进行了粒度成分分析、矿物成分分析和化学成分分析，并与西安周边的典型黄土做类比分析。结果总结至粒度分析表（表6–6）、矿物成分分析表（表6–7）和化学成分分析表（表6–8）。

实验结果表明：在所取样品中，夯土与原始黄土的物质成分，无论从粒度成分、矿物成分和化学成分都是一致的。粒度成分以0.075mm ~ 0.005mm的粉粒为主，占95%以上；主要矿物成分为石英、斜长石、方解石三种粗矿物（粒径＞0.005mm）和蒙脱石、绿泥石、伊利石三种粘土矿物（粒径＜0.005mm），含量分别达到50%左右和30%左右；化学成分以Si、Mg、Ca、Fe_2O_3、Al_2O_3、K、Na为主。这些物质成分的特点都恰好反映了黄土所具备的主要成分，也说明西安城墙夯土属就近取材，夯土的工程性质在一定程度上具有黄土的某些特点。这也是我们研究夯筑土物源的目的。

表 6-6　14 号马面区段 14-1# 钻孔夯筑土与原始土（黄土）粒度分析成果统计表

土类	层号	定名	小于某粒径土粒重量的百分数 /%					
			粒径 < 0.5mm	粒径 < 0.25mm	粒径 < 0.075mm	粒径 < 0.05mm	粒径 < 0.01mm	粒径 < 0.005mm
夯筑土	③$_1$	粉质粘土	—	100	97	94	43	30
	③$_2$	粉质粘土	—	100	99	96	58	42
原始土（黄土）	④$_1$	粉质粘土	—	98	95	91	41	29
	④$_2$	粉质粘土	—	—	100	96	52	38

表 6-7　14 号马面区段 14-1# 钻孔夯筑土与原始土（黄土）矿物成分分析成果统计表

土类	层号	矿物成分百分含量 /%											
		蒙脱石	绿泥石	伊利石	伊蒙脱石	石英	正长石	斜长石	方解石	白云石	赤铁矿	非晶相	其他
夯筑土	③$_1$	5	8	15	—	26	4	13	7	3	2	15	2
	③$_2$	5	12	16	—	27	—	13	6	2	1	15	3
	③$_3$	5	8	—	15	29	—	16	5	—	2	15	5
原始土（黄土）	④$_2$	8	9	20	—	26	—	13	8	—	—	10	6

表 6-8　14 号马面区段 14-1# 钻孔夯筑土与原始土（黄土）主要化学成分分析成果统计表

土类	层号	主要化学成分含量 /%											
		Si	Mg	Ca	Fe_2O_3	Al_2O_3	K	Na	P	Ti	Mn	Sr	Ba
夯筑土	③$_1$	>10	3	6	5	15	3	3	—	0.9	0.15	0.025	0.12
	③$_2$	>10	5	10	5	20	2.5	3	0.1	1	0.1	0.04	0.15
	③$_3$	>10	3	7	5	15	2	3	—	0.8	0.1	0.025	0.1
原始土（黄土）	④$_2$	>10	2	5	4	10	2	2.5	—	0.5	0.12	0.02	0.09

（1）夯土分类

由前述可知，西安城墙修建之初，进行了大开挖，从地面向下开挖约3m～5m，分层夯筑至地表作为城墙的基础，多处勘察资料发现基础夯土中夹杂一些白灰点和黑色碳屑；并逐层夯筑约10m高，夯筑时逐层收小夯土面积，形成梯形横截面，是当时夯土城墙主体；清朝时在城墙外侧包砌砖墙增强墙体的防御能力，20世纪八九十年代对墙体内外进行整修，在夯土顶部1m厚度普遍采用灰土夯筑，以防止海墁雨水渗入夯土内，并在城墙内侧包砌砖墙。

从历史的角度看，西安城墙内部主要存在三种夯土：一是唐代夯土，即原唐皇城上所用夯土，主要存在玉祥门以南至开通巷以西段城墙；二是明代夯土，即明代修建西安城墙时所用夯土，广泛存在于西安城墙的墙体之中，是城墙的主体；三是现代夯土，主要是20世纪80年代至今维修加固时所用夯土，广泛分布在海墁顶部、顺城巷一侧墙体内部。此外，在城墙局部地区还有其他时代如宋、元、清等修补城墙所用夯土存在，但此种情况为数不多，并非城墙的普遍情况。

从夯土的物理力学性能角度来看，西安城墙内部的夯土从海墁至下主要分为三层：

③$_1$夯筑土：黄褐色，土质较均匀，稍湿，坚硬～硬塑，含砖、瓦碎片，一般具轻微湿陷性，局部湿陷性严重，属中压缩性土。一般层厚约4m～6m。含水率w约15%～19%，孔隙比e约0.8～1.1，湿陷系数δ_s约0.015～0.03，局部甚至湿陷严重，压缩系数$a_{1\text{-}2}$约0.3MPa^{-1}～0.5MPa^{-1}。

通过调查发现，该层存在大量杂填土，局部甚至是由砖瓦块等建筑垃圾填筑而成，夯土性质密实度较差、均匀性差，且具有湿陷性，是海墁局部沉陷和裂缝的主要内因，也是海墁砖层与下部夯土脱空的主要内因，是夯土内裂缝等病害的主要内因。

③$_2$夯筑土：黄褐色，土质均匀，稍湿，坚硬～硬塑，不具湿陷性，属中压缩性土。一般层厚约为3m～5m。含水率w约18%～21%，孔隙比e约0.6～0.8，压缩系数a_{1-2}约0.2MPa^{-1}～0.4MPa^{-1}。

这层夯土因处于城墙墙体底部，多数是明、清甚至是唐时期的老夯土，有明显分层夯筑的痕迹，密实度高，强度大（图6-42）。该层主要的病害是城墙内外侧墙体被人为开挖了很多洞穴，城墙一周13.74km居然有2000多个洞穴。这些洞穴的开挖破坏了墙体的整体性，易诱发墙体产生裂缝甚至坍塌。

图 6-42　16 号马面探井采取土样夯土面

③$_3$层夯筑土：黄褐色，土质较均，湿，可塑，中密，含砖、瓦碎片，局部具湿陷性，中压缩性。一般层厚约3m～5m。含水率w约19%～22%，孔隙比e约0.7～0.9，压缩系数$a_{1\text{-}2}$约0.1MPa^{-1}～0.3MPa^{-1}，该层位于现地面下，属历史上开挖后回填部分，是城墙墙体基础。该层局部具湿陷性，局部具杂填土，该层土性差异大，在土性指标较差处局部易发生墙体裂缝和地基不均匀沉降。

（2）密实性

根据土的密实特性和本地区对黄土的研究成果，当土的压实系数λ_c（土的控制干密度ρ_d与最大干密度$\rho_{d_{max}}$的比值）为0.9时，黄土的大部分湿陷性可以消除，且单位压力内的压缩量较小。作者在不同城墙内部取夯筑土进行了室内击实试验，结果平均最大干密度$\rho_{d_{max}}$约为1.73g/cm^3(对应的最优含水量15.9%)，考虑到兴建城墙时的土源和夯击能量（人工），当取压实系数$\lambda_c=\dfrac{\rho_d}{\rho_{d_{max}}}$=0.9时，根据击实试验结果推算的土的控制干密度标准应为1.56g/cm^3；另一方面统计夯筑土常规物理力学性质指标，得出当土的孔隙比小于0.8或干重度大于15kN/m^{3}时，夯土不具湿陷性或具轻微湿陷性。因此，综合分析取干重度等于15kN/m^3（干密度等于1.5g/cm^3）为界限，对16号马面勘探点样品的干重度试验指标进行分析，绘制干重度（γ_d）～深度（H）关系曲线，并与干重度界限值15kN/m^{3}进行对比，分析其夯筑土的密实性。

图6-43表明，16号马面该探井位置夯土压密性差，大多夯土没达到密实标准。

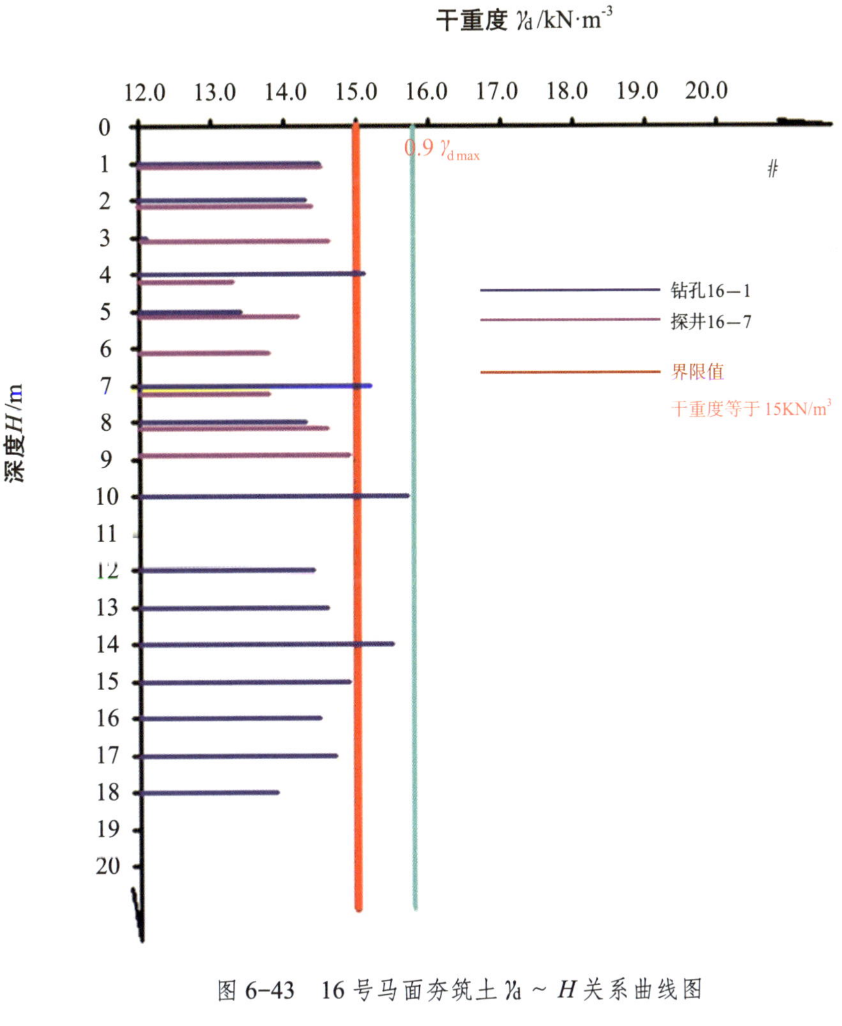

图 6-43　16 号马面夯筑土 γ_d ~ H 关系曲线图

永宁门及周边区域夯土的干密度见图6-44。

图 6-44 永宁门及周边区域夯土干密度统计图

（3）湿陷性

城墙芯墙夯筑土的土源是黄土，在夯筑至今的600多年间，土体虽然有了一定的结构，但勘察结果表明其密实性还远未达到城墙不发生湿陷的密实标准，特别是20世纪80年代，全市动员修复城墙时的夯土密实性很差。因此，夯筑土在水及外力作用下就可能产生湿陷。针对这一问题，作者在城墙多处勘察探井、探槽中采取不扰动土样对夯筑土的湿陷性试验。

根据自重湿陷性试验结果，海墁病害严重地段仍具自重湿陷性。这意味着，即使城墙上没有荷载，一旦雨水渗入，夯土在自重作用下也会发生沉陷。

根据湿陷性试验结果，海墁下表层$③_1$夯筑土普遍具轻微到中等湿陷性。也就是说，这层夯土一旦雨水渗入，会在荷载达到一定数值后发生沉陷。黄土浸水饱和开始出现湿陷时的压力是湿陷起始压力。因城墙上的荷载一般是活荷载，如果控制游人数量使城墙荷载不超过湿陷起始压力就会避免夯土发生湿陷性沉降，因此，湿陷起始压力的数值就非常重要。

以16号马面湿陷起始压力试验为例，绘制的湿陷起始压力随深度变化曲线见图6-45。

图6-45说明，海墁表面至3.0m深度范围以内，土的湿陷起始压力多大于100kPa，3m～7m范围内，土的湿陷起始压力都小于100kPa，7m～9.5m范围内，土的湿陷起始压力大于200kPa。湿陷起始压力规律和特征与夯筑土的密实性规律是一致的。

由于城墙是一个用土夯筑而成的地上构筑物，要研究芯墙夯筑土的湿陷性是无法套用《湿陷性黄土地区建筑规范》中的模型和公式。因此，将双线法压缩试验测定的各种深度土样在不同等级压力下的湿陷系数，绘制成湿陷系数（δ_s）与压力（P）的关系曲线来分析研究（图6-46～图6-48）。

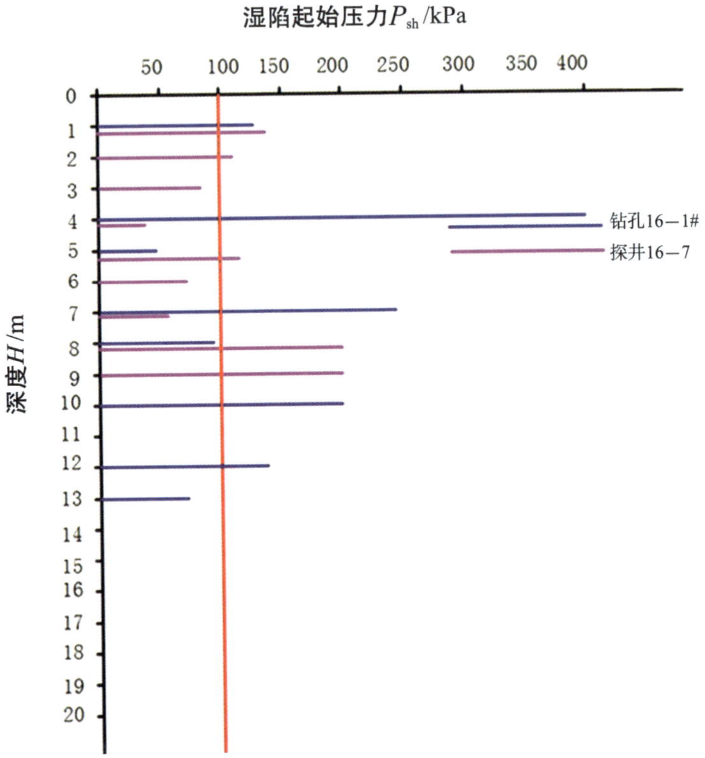

图 6-45　16 号马面区段夯筑土湿陷起始压力 P_{sh} 随深度变化曲线

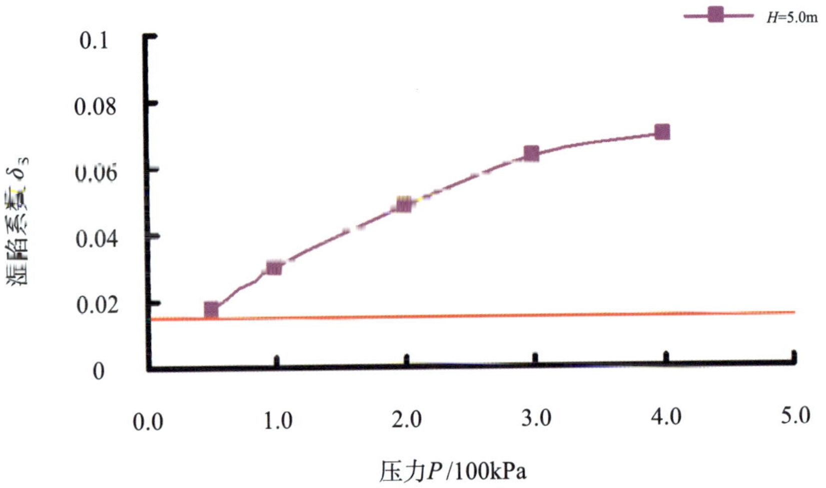

图 6-46　16-1 号钻孔夯筑土③$_1$层湿陷系数（δ_S）~压力（P）关系曲线

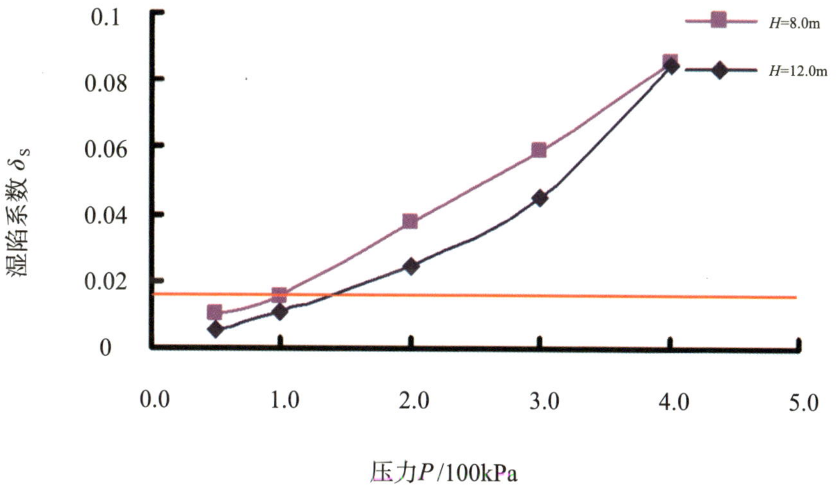

图 6-47　16-1 号钻孔夯筑土③$_2$层湿陷系数（δ_S）~压力（P）关系曲线

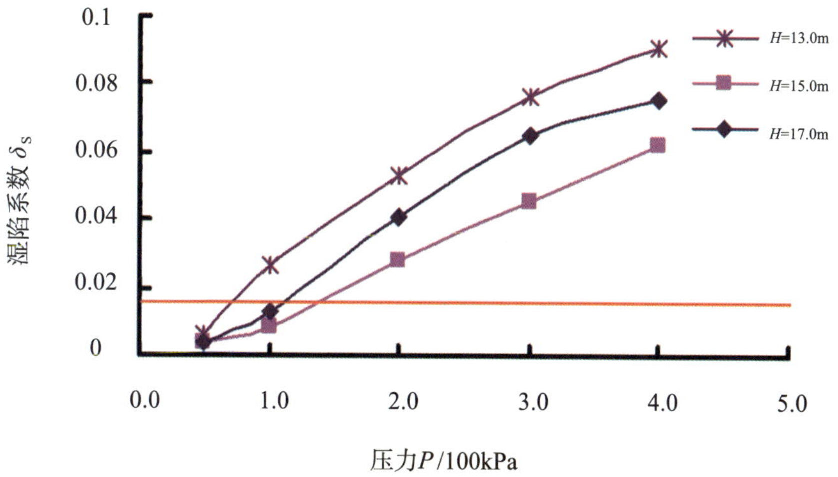

图 6-48　16-1 号钻孔夯筑土③$_3$层湿陷系数（δ_S）~压力（P）关系曲线

根据图6-46～图6-48，16号马面湿陷性规律见表6-9。

表 6-9 16 号马面湿陷性规律汇总表

层号	16 号马面区段
夯筑土③$_1$	土质不均匀、杂乱，土的湿陷起始压力值小于100kPa； 曲线较陡，随着压力的增大，湿陷系数增加较快； 当试验压力增到400kPa时，最大的湿陷系数为0.07
夯筑土③$_2$	土质较均匀，该层土湿陷起始压力值大于100kPa； 曲线陡，随着压力的增大，湿陷系数增加迅速； 当试验压力增到400kPa时，最大的湿陷系数为0.084
夯筑土③$_3$	土质均匀，13.0m深度土样的湿陷起始压力值小于100kPa， 15.0m和17.0m深度土样的湿陷起始压力值大于100kPa； 曲线很陡，随着压力的增大，湿陷系数增加很快； 当试验压力增到400kPa时，最大的湿陷系数为0.09

湿陷性随压力的增加而增大，因此在城墙湿陷性严重的地段要严格控制设施载重量、游人数量，防止出现过大的变形而发生意外。

（4）压缩性

城墙内夯筑土不仅发生湿陷变形，还会在荷载作用下发生压缩变形，是产生城墙“病害”，危及城墙稳定与安全的重要因素之一。作者在室内进行了大量压缩系数测定，研究夯筑土在外力作用下产生压缩变形的大小。

由于城墙夯筑土层的夯实均匀性较差，不同深度的密实性差异较大，所以压缩变形的差异也较大，且往往发生在100kPa压力以前。因此，采用常规规范100kPa～200kPa压力范围的标准压缩系数来评价压缩性就会有较大的偏差。为了更全面地了解夯筑土的压缩性，以16-1号马面各试样的压缩试验成果为例，绘制孔隙比（e）～压力（P）关系曲线，分析夯筑土的压缩性规律，详见图6-49～图6-51。

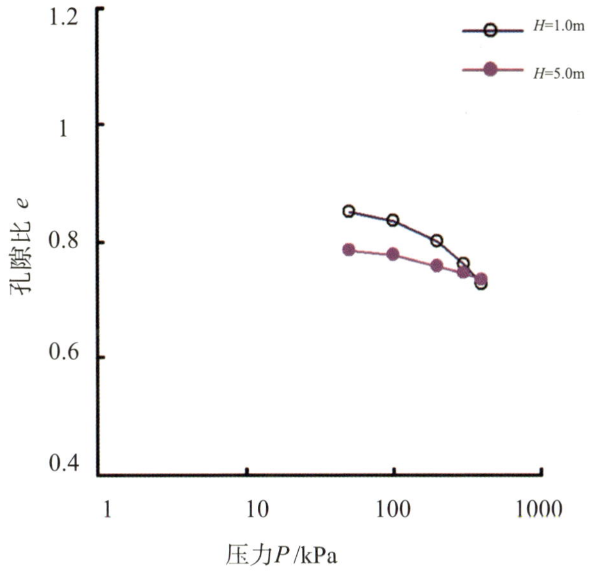

图 6-49　16-1 号钻孔③$_1$层夯筑土孔隙比（e）—压力（P）曲线

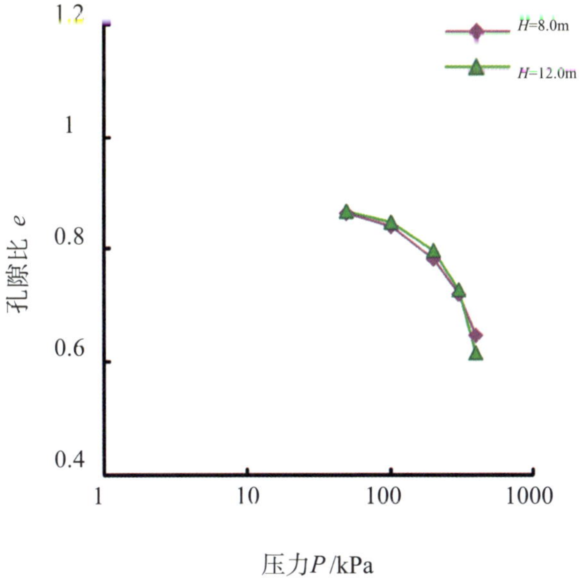

图 6-50　16-1 号钻孔③$_2$层夯筑土孔隙比（e）—压力（P）曲线

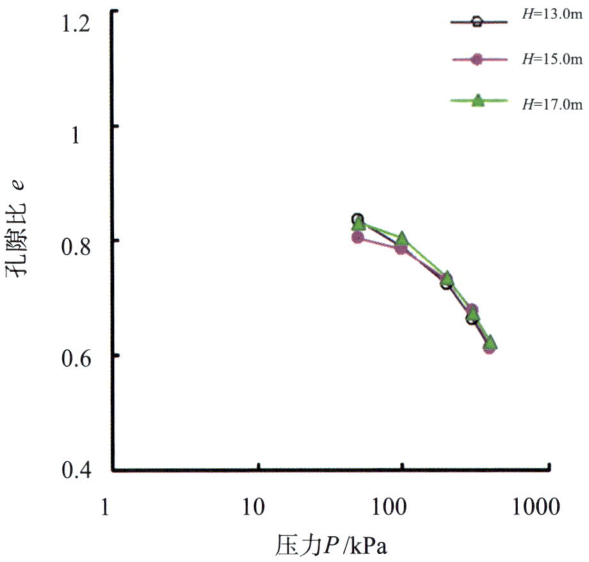

图 6-51　16-1 号钻孔③$_3$层夯筑土孔隙比（e）—压力（P）曲线

根据图6-49～图6-51，16号马面夯筑土压缩性见表6-10。

表 6-10　16 号马面夯筑土压缩性汇总表

层号	16 号马面区段
夯筑土③$_1$	土质不均匀、杂乱，从海墁到6.2m以内的土压缩量较小； 曲线较平缓，随着压力的增大，压缩量增幅较小； 当试验压力增到400kPa时，最小孔隙比为0.734
夯筑土③$_2$	土质较均匀，该层土压缩量大； 曲线很陡，随着压力的增大，压缩量增幅很大， 当试验压力增到400kPa时，最小孔隙比为0.618
夯筑土③$_3$	土质均匀，该层土压缩量较大； 曲线较陡，随着压力的增大，压缩量增幅较大； 当试验压力增到400kPa时，最小孔隙比为0.625

总之，压缩性随压力的增加而增大，因此在城墙高压缩性的地段要严格

控制设施载重量、游人数量，防止出现过大的变形而发生意外。

（5）抗剪强度

西安城墙底宽16m～18m，顶宽12m～14m，高12m，从城墙脚至海墁表面高度约10m，横截面形似一座坝体。勘察发现，墙体内部存在较多裂缝，一些裂缝宽大且相互贯通，易诱发侧向坍塌，对城墙的稳定性带来了严重的威胁。

据8号马面海墁上1#探井揭示：剥离表层城砖后该裂缝宽度60mm～70mm，开挖0.6m深度时裂缝宽度为40mm～60mm，见图6-52。随着探井深度增大，井壁南北两侧裂缝逐渐向下延伸，宽度逐渐变窄，到探井深度5.9m时，裂缝基本消失，见图6-53。

图 6-52　8 号马面 1# 探井 0.6m 处较宽裂缝

图 6-53 8 号马面 1# 探井侧壁裂缝

针对这一问题，在相应位置采取了夯筑土的不扰动样，进行了大量直剪试验和三轴压缩试验。选取14号马面段三轴压缩试验结果绘制应力应变关系曲线见图6-54～图6-50。

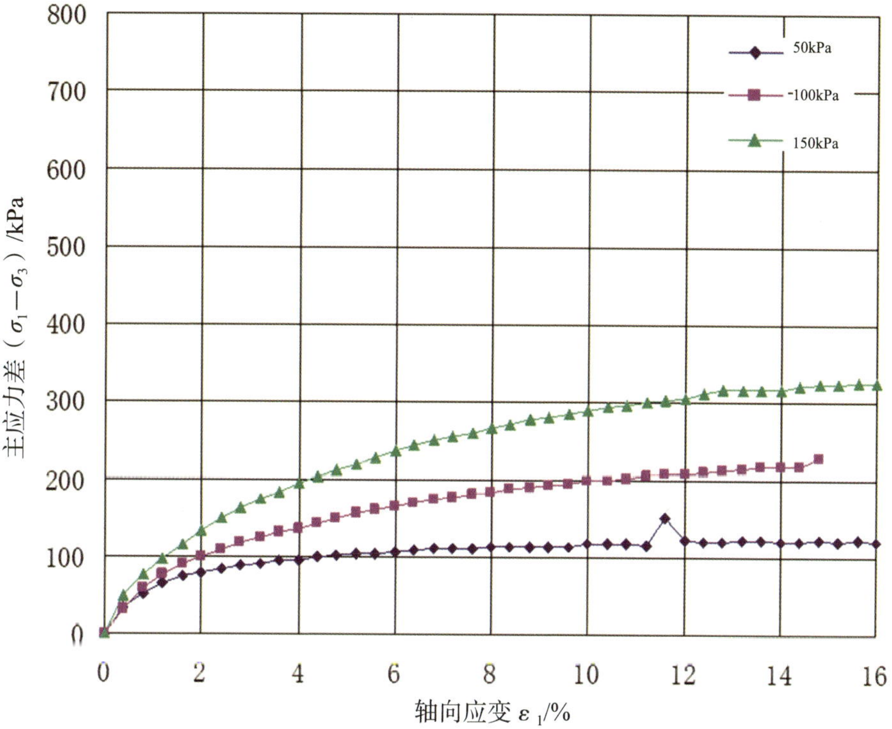

图 6-54　③$_1$ 层夯筑土三轴试验应力应变关系曲线（C=20kPa,Φ=27.6°）

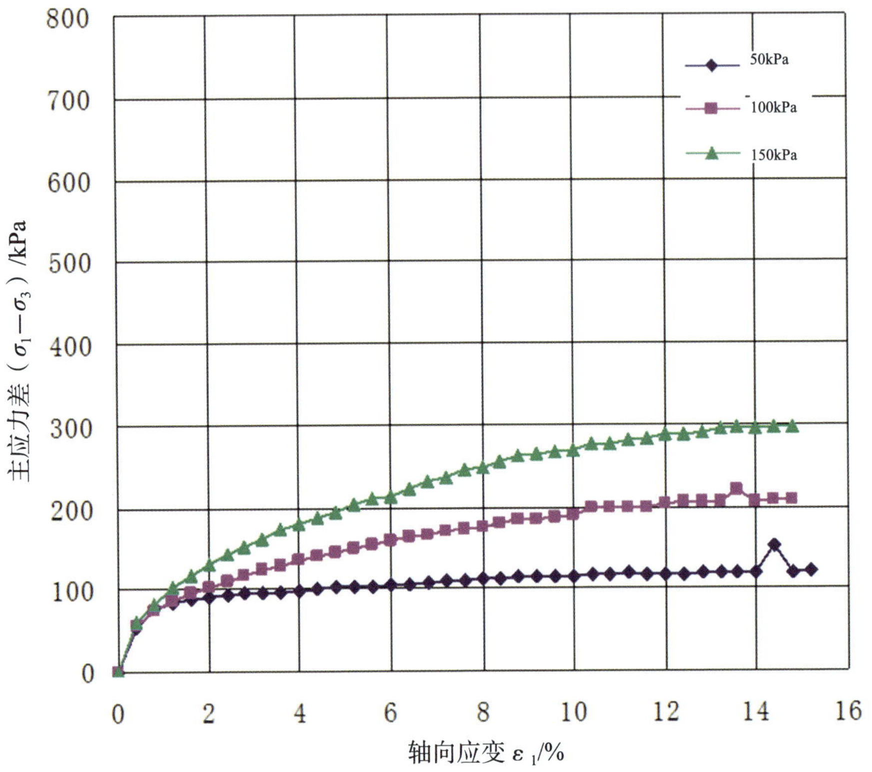

图 6-55 ③$_2$层夯筑土三轴试验应力应变关系曲线（C=30kPa,Φ=23.7°）

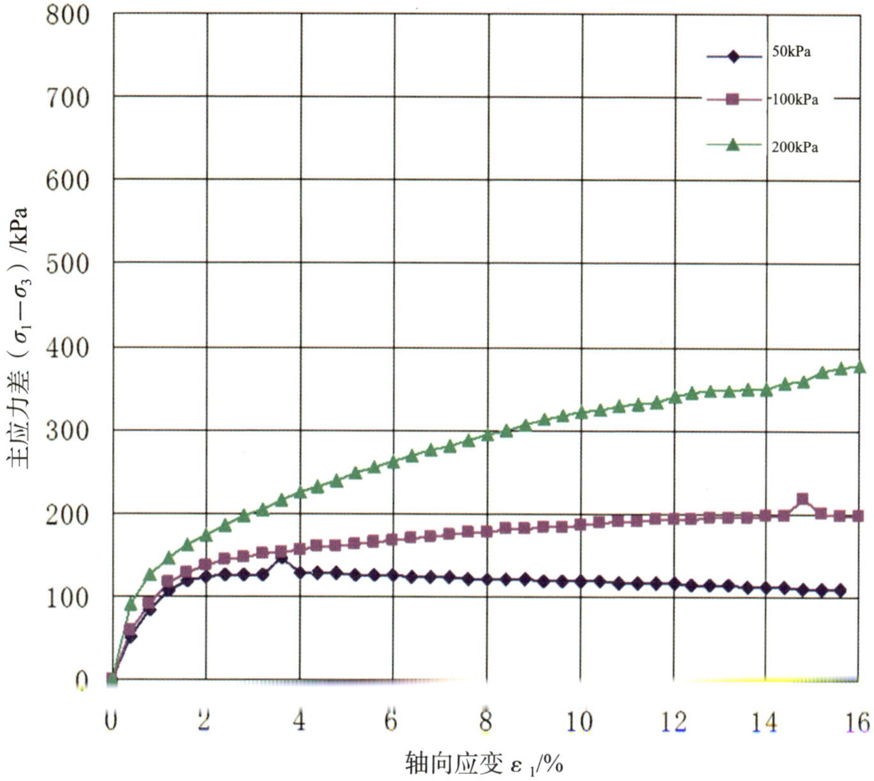

图 6-56　③$_3$层夯筑土三轴试验应力应变关系曲线（C=25kPa,Φ=24.5°）

由图6-54～图6-56可知，夯筑土不均匀，抗剪强度指标离散性很大，总体而言，表层夯筑土③$_1$层强度较低，中间层③$_2$强度较高，地基夯筑土③$_3$强度比中间层略有降低。密实度差的墙体抗剪强度也较差。

三、地层情况及不利因素调查

1. 地层情况

由第二、三章可知，二级洪积台地堆积物上部为晚更新世黄土，有一层古土壤，下部晚更新世早期冲洪积层，由粉质粘土夹薄层砂构成。三级湖积台地堆积物为晚更新世和中更新世黄土，有两层古土壤，其下为中更新统世冲洪积层，由粉质粘土夹薄层砂构成。

地层情况以永宁门区段为例，地层描述如下：

将勘探深度范围（海墁上35m深度、墙底25m深度）的天然土层分为四层，自上而下依次为第四系上更新统黄土②层、古土壤③层、粉质粘土④—⑤层（图6–57），分层论述如下：

②黄土Q_3^{eol}：根据其物理力学性质差异分为黄土$②_1$和黄土$②_2$两个亚层。

黄土$②_1$：黄褐色，可塑—软塑，湿—饱和，土质均匀。

在城墙下该层土的孔隙比0.7～1.211，平均值为0.918，含水量23%～23.8%，平均值23.3%，具有轻微湿陷性，湿陷系数平均值$\bar{\delta}_S$=0.018，压缩系数平均值$\overline{a}_{1-2}$=0.3MPa^{-1}，属中压缩性土，标准贯入试验实测锤击数平均值为12击，经杆长修正后的标准贯入试验锤击数平均值为8.5击。

在城墙外围该层土的孔隙比0.661～1.316，平均值为0.999，含水量20.9%～30.2%，平均值为24.5%，具有轻微～中等湿陷性，湿陷系数平均值$\bar{\delta}_S$=0.025。压缩系数平均值$\overline{a}_{1-2}$=0.38MPa^{-1}，属中压缩性土，局部为高压缩性土，标准贯入试验实测锤击数平均值为5击，经杆长修正后的标准贯入试验锤击数平均值为5击。

该层层厚0.8m～3.4m，层底深度自海墁起为17m～19m、自城下地面起为6m～8m，层底高程399.48m～402.49m。

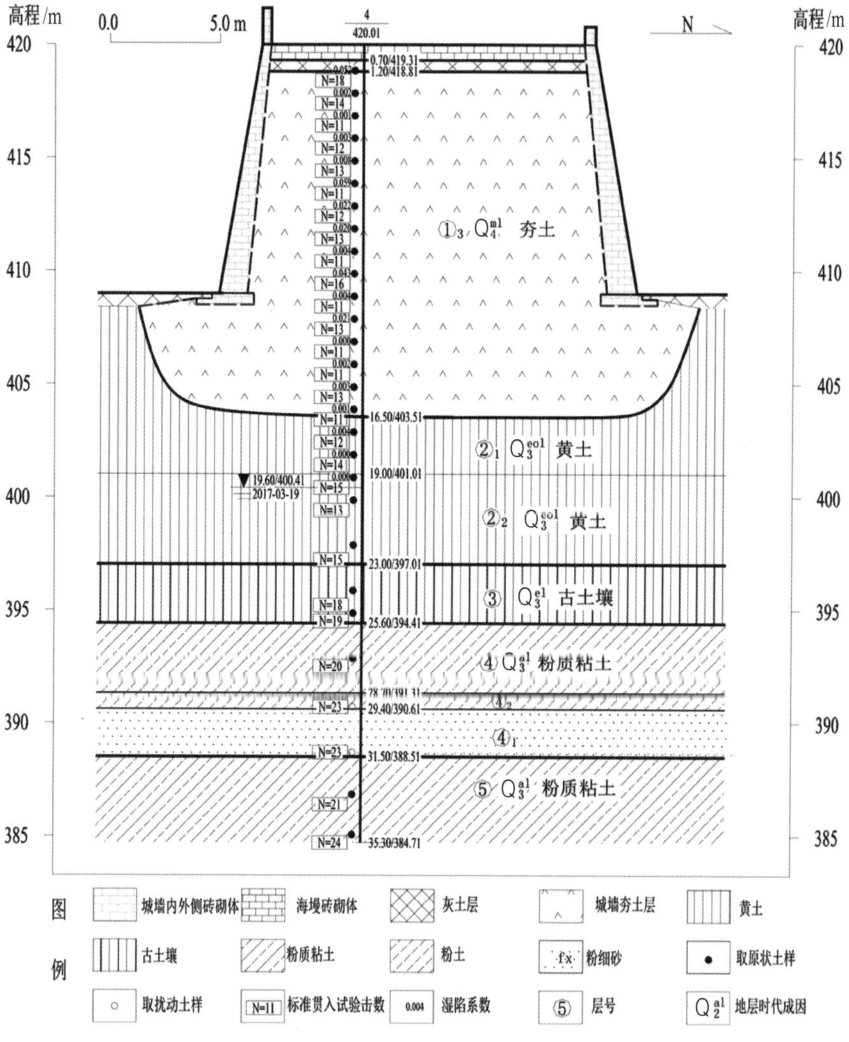

图 6-57　城墙下天然土层的地层特征剖面

黄土②$_2$：黄褐色，可塑—软塑，湿—饱和，土质均匀。

在城墙下该层土的孔隙比0.731～0.894，平均值为0.82，含水量24.1%～28.3%，平均值为26.7%，不具湿陷性，压缩系数平均值$\overline{a}_{1-2}$= 0.30MPa^{-1}，属中压缩性土，标准贯入试验实测锤击数平均值为13击，经杆长修正后的标准贯入试验锤击数平均值为9.2击。

在城墙外围该层土的孔隙比0.762～1.006，平均值为0.887，含水量23.5%～31.6%，平均值为27.3%，该层不具湿陷性，压缩系数平均值$\overline{a}_{1-2}$= 0.32MPa^{-1}，属中压缩性土，标准贯入试验实测锤击数平均值为8击，经杆长修正后的标准贯入试验锤击数平均值为7击。

该层层厚3m～6.1m，层底深度自海墁起为21.8m～23.6m、自城下地面起为10.4m～12.1m，层底高程395.43m～397.69m。

③古土壤Q_3^{el}：棕红色，可塑，饱和，土质较均匀。

在城墙下该层土的孔隙比0.609～0.715，平均值为0.681，含水量21.4%～25.3%，平均值为21.4%。压缩系数平均值$\overline{a}_{1-2}$= 0.22MPa^{-1}，属中压缩性土，标准贯入试验实测锤击数平均值为18击，经杆长修正后的标准贯入锤击数平均值为12.2击。

在城墙外围该层土的孔隙比0.652～0.876，平均值为0.778，含水量22.2%～29.3%，平均值为26.1%。压缩系数平均值$\overline{a}_{1-2}$= 0.27MPa^{-1}，属中压缩性土，标准贯入试验实测锤击数平均值为8击，经杆长修正后的标准贯入试验锤击数平均值为5.9击。

该层层厚1.8m～3.6m，层底深度自海墁起为23.6m～26.5m、自城下地面起为13.7m～14.8m，层底高程392.53m～395.89m。

④粉质粘土Q_3^{al}：黄褐色，可塑－硬塑，饱和，土质均匀，孔隙比

0.493～0.739，平均值为0.624，含水量17.5%～24.%，平均值为21.5%。压缩系数平均值$\overline{a}_{1-2}$= 0.18MPa^{-1}，属中压缩性土。标准贯入试验实测锤击数平均值为18击，该层底部夹粉细砂④$_1$（灰黄色，饱和，中密，颗粒成分为长石、石英质，含少许云母片，实测标准贯入试验锤击数单值为20击，最大厚度2.1m。）夹层或透镜体及粉土④$_2$（褐黄色，软塑，稍密～中密，饱和，含粉砂颗粒，标准贯入试验实测击数平均值16击，层厚1.5m）夹层或透镜体。该层层厚3.5m～7.4m，层底深度自海墁起为30m～31.5m、自城下地面起为18.6m～19.6m，层底高程387.88m～389.87m。

⑤粉质粘土Q_3^{al}：黄褐色，可塑，饱和，土质均匀，孔隙比0.53～0.768，平均值为0.647，含水量18.1%～26.5%，平均值为22.1%。压缩系数平均值$\overline{a}_{1-2}$=0.19MPa^{-1}，属中压缩性土。标准贯入试验实测锤击数平均值为20击。该层未揭穿，最大揭露厚度为6.7m，最大揭露深度自海墁起为35.3m，自城下地面起为25.3m，揭露最小高程为382.48m。

2. 不利因素

在对城墙不利因素深入研究之前，首先要明确有哪些特殊的地质条件是影响城墙病害的不利因素，再针对这些主要不利因素进行调研、钻探和试验。本书中主要针对的是西安城墙所面临的特殊性土，对其病害影响较大的是湿陷性黄土和填土，推而广之，对全国不同的地域和地质条件，要有针对性地对特殊性土进行研究。现对经常能够遇到的特殊性土进行总结如下：

（1）湿陷性黄土

湿陷性黄土是指在上覆土层自重应力作用下，或者在自重应力和附加应力共同作用下，因浸水后土的结构破坏而发生显著附加变形的土。广泛分布于我国东北、西北、华中和华东部分地区的黄土多具湿陷性。（这里所说的黄土泛指黄土和黄土状土，湿陷性黄土又分为自重湿陷性黄土和非自重湿陷

性黄土）

危害：

湿陷性黄土是一种特殊性质的土，其土质较均匀、结构疏松、孔隙发育。在未受水浸湿时，一般强度较高，压缩性较小。当在一定压力下受水浸湿，土结构会迅速破坏，产生较大附加下沉，强度迅速降低。

对策：

湿陷性黄土地基处理的目的主要是通过消除黄土的湿陷性，提高地基的承载力。常用的地基处理方法有：土或灰土垫层、土桩或灰土桩、强夯法、重锤夯实法、桩基础、预浸水法等。

对于城墙等文物建筑，上述施工方法对其都会产生一定的扰动，相比较而言，垫层法和灰土桩法扰动相对较小，在实际实施过程中可进行比选后使用。另外，湿陷性黄土具有水敏性，在文物建筑的保护过程中，要做好排水和隔水措施。

（2）湿陷性土

湿陷性土是指那些非饱和、结构不稳定的土，在一定压力作用下受水浸漫后，其结构迅速破坏，并产生显著的附加下沉。湿陷性土在我国北方分布广泛，除常见的湿陷性黄土外，在我国的干旱及半干旱地区，特别是在山前洪、坡积扇中常遇到湿陷性碎石土、湿陷性砂土等。

其危害和对策可参考湿陷性黄土。

（3）红粘土

红粘土是指碳酸盐类岩石经强烈化学风化后形成的高塑性粘土。它广泛分布在我国云贵高原、四川东部、两湖和两广北部一些地区，是一种区域性特殊土。红粘土一般呈褐色、棕红等颜色，液限大于50%。经流水再搬运后仍保留其基本特征，液限大于45%的坡、洪积粘土，称为次生红粘土，在相同物理指标情况下，其力学性能低于红粘土。红粘土是碳酸盐类及其他类岩石的风化后期产物，其矿物成分除仍含一定数量的石英颗粒外，主要为多水高岭石、水云母类、胶体SiO_2及赤铁矿、三水铝土矿等组成，不含或极少含有有机质。红粘土的一般特点是天然含水量高，一般为40%～60%，最高达90%；密度小，天然孔隙比一般为1.4～1.7，最高为2；一般呈较高的强度和较低的压缩性；不具有湿陷性。由于塑性很高，所以尽管天然含水量高，一般仍处于坚硬或硬可塑状态。甚至饱水的红粘土也是坚硬状态。

危害：

红粘土分布区主要可能引发的地质灾害有：石漠化造成的岩石崩滑、胀缩性红粘土引起的开裂，红粘土滑坡引起的边坡失稳、人工降水引起的红粘土塌陷等。这四大方面都会对文物建筑造成影响。如胀缩性红粘土胀缩性极强，缩量大，胀量小，一旦发生收缩，就会导致裂缝现象的发生，造成墙体开裂。并且胀缩性粘土会引起墙体变形，使基础受到破坏。胀缩性较高的红粘土，严重破坏了土体的完整性。另外，下浮碳酸盐岩发育有岩溶空隙，上部覆盖有裂隙性红粘土，所以容易受地下水位影响。在市区人工升降水，都可能引起吸蚀作用和侵蚀作用，导致松散土颗粒被水流带走，造成土洞顶板剪力强度下降，洞壁支撑强度小于土体强度，造成大面积地面塌陷、土体下陷，这将严重影响文物建筑的安全。

对策：

红粘土地基处理的目的主要是消除其胀缩性。常用的地基处理方法有：晾晒法、换填垫层法、深层搅拌法、土工合成材料加固法、预压排水固结、强夯置换法等。

对于城墙等文物建筑，上述施工方法对其都会产生一定的扰动，易引起城墙的沉降和偏移，相比较而言，换填法和土工合成材料加固法扰动相对较小，在实际实施过程中可进行比选后使用。在文物建筑的保护过程中，要做好排水和隔水措施。

（4）软土

软土主要是由天然含水量大、压缩性高、承载能力低的淤泥沉积物及少量腐殖质所组成的土。天然含水量大于液限，天然孔隙比大于1.5称为淤泥；当天然孔隙比小于1.5而大于1时称为淤泥质土。有机质含量大于60%为泥炭；有机质含量10%～60%为泥炭质土。我国软土分布广泛，主要位于沿海、平原地带、内陆湖盆、洼地及河流两岸，平原地带软土多位于大河下游入海三角洲或冲积平原处，如长江、珠江三角洲地带，塘沽、闽江口平原等地带；内陆湖盆、洼地则以洞庭湖、洪泽湖、太湖、滇池等地为代表；山间盆地及河流中下游两岸漫滩、阶地、废弃河道等处也常有软土分布；沼泽地带则分布着富含有机质的软土和泥炭。

危害：

软土的工程特性是天然含水量高、天然孔隙比大、抗剪强度低、压缩系数高、渗透系数小。软土地基的天然含水量普遍大于液限，其透水性却非常差，这就导致土体在荷载的作用下呈现出很高的孔隙水压力，对地基的压密固结带来不利的影响。软土地基的高压缩性会使城墙发生不均匀沉降，以致开裂和损坏。当软土地基的抗剪强度明显低于上部结构的自重以及附加荷载时，软土地基就会表现出很强的流动性，导致地基出现局部或者整体的剪切破坏，这种剪切破坏往往表现为地基的较大沉降或不均匀沉降，严重的还会导致文物建筑的失稳。

对策：

软土地基常用的地基处理方法有：换填垫层法、搅拌桩法、压力灌浆法、预压排水固结、强夯置换法等。

对于城墙等文物建筑，上述施工方法对其都会产生一定的扰动，易引起城墙的沉降和偏移，相比较而言，换填法和压力灌浆法扰动相对较小，在实际实施过程中可进行比选后使用。

（5）混合土

由细粒土和粗粒土混杂且缺乏中间粒径的土应定名为混合土。当碎石土中粒径小于0.075mm的细粒土质量超过总质量的25%时，应定名为粗粒混合土；当粉土或粘性土中粒径大于2mm的粗粒土质量超过总质量的25%时，应定名为细粒混合土。混合土是由坡积、洪积、冰水沉积形成的，在颗粒分布曲线形态上反映出的是不连续状。混合土因其成分复杂多变，各种成分粒径相差悬殊，所以其性质变化很大。一般来说，混合土的性质主要取决于土中粗、细颗粒含量的比例，粗粒的大小及其相互接触关系以及细粒土的状态。

危害：

混合土因其颗粒级配差异较大，其物理力学性能相应差别也较大，这就导致城墙易出现不均匀沉降的情况，严重时会导致墙体开裂、地基沉降较大以致墙体失稳。

对策：

现阶段混合土地基处理以桩基础为主，但对于既有建筑（城墙）来说，这种方法不能实现。在加固保护过程中，可在墙脚实施混凝土桩或墙体实施圈梁等手段，增强墙体的整体性，消除混合土导致的不均匀沉降问题。

（6）填土

素填土：由碎石土、砂土、粉土和粘性土等一种或几种材料组成，不含杂物或含杂物很少。

杂填土：含有大量建筑垃圾、工业废料或生活垃圾等杂物。

冲填土：由水力冲填泥沙形成。

压实填土：按一定标准控制材料成分、密度、含水量，分层压实或夯实而成。

危害：

一般来说，填土具有不均匀性、湿陷性、自重压密性及低强度、高压缩性。素填土的工程性质取决于它的均匀性和密实度。在堆填过程中，未经人工压实者，一般密实度较差、但累积时间较长，由于土的自重压密作用，也能达到一定密实度。杂填土性质不均，厚度和密度变化大，具湿陷性，压缩性大，强度低，孔隙大且渗透性不均匀。冲填土具有不均匀性，透水性能弱，排水固结效果差。

总体来说，填土的物质成分和厚度不稳定，结构和物理力学性质不均匀；堆积时间晚，固结差，结构疏松，含水量高，压缩性大，强度低。人工填土作为工程地基除了承载力低外，还容易发生压缩变形、湿陷变形和砂土液化现象，因此容易造成工程建筑沉陷、开裂、倾倒。

对策：

填土地基常用的地基处理方法有：换填垫层法、强夯法、重锤夯扩挤密法、桩土复合地基、素/灰土挤密桩法等。

对于城墙等文物建筑，上述施工方法对其都会产生一定的扰动，易引起城墙的沉降和偏移，相比较而言，换填法和挤密桩法扰动相对较小，在实际实施过程中可进行比选后使用。填土一般均具有湿陷性，在文物建筑的保护过程中，要做好排水和隔水措施。

（7）多年冻土与季节性冻土

含有固态水，且冻结状态持续两年或两年以上的土，应判定为多年冻土。地表层冬季冻结、夏季融化的土（岩）称为季节性冻土。我国多年冻土主要分布在青藏高原、帕米尔高原及西部高山（包括祁连山、阿尔泰山、天山等），东北的大小兴安岭和其他高山的顶部也有零星分布。

危害：

冻土对城墙等文物建筑的主要危害是其融沉性（或融陷性），当冰层融化时，由于冰层及冰透镜体分布的不均匀，形成土层不均匀沉降是导致各类建筑物变形和破坏的重要原因。季节性冻土的冻胀性、融沉性等特性对工程影响重大，在季节性冻土地区的文物建筑应特别注意考虑季节性冻土对建筑的影响及防范措施。

对策：

用较纯净的砂砾或中、粗砂换填季节性冻土，是削减地基土冻害的理想方法之一，换土深度应至冻结深度之下。修建具有抗冻防渗能力的地表排水设施，以防治因地表水而引起的冻胀；修建渗沟、暗沟、截水沟等，截断、疏导地下水或降低地下水位，以防治因地下水补给而引起冻胀。

（8）膨胀岩土

含有大量亲水矿物，湿度变化时有较大体积变化，变形受约束时产生较大内应力的岩土，应判定为膨胀岩土。一般将土体的自由膨胀率大于40%判定为膨胀性土。云南、贵州、四川、广西、河北、河南、湖北、陕西、安徽和江苏等地均有不同范围的分布。

危害：

膨胀土浸水后体积剧烈膨胀，失水后体积显著收缩的粘性土。由于土中含有较多的蒙脱石、伊利石等粘土矿物，故亲水性很强。当天然含水率较高时，浸水后的膨胀量与膨胀力均较小，而失水后的收缩量与收缩力则很大；天然孔隙比愈大时，膨胀量与膨胀力愈小，收缩量与收缩力则大些。这类土对文物建筑会造成严重危害，但在天然状态下强度一般较高，压缩性低，易被误认为是较好的地基。膨胀土地基常使文物建筑产生不均匀的竖向或水平的胀缩变形，造成位移、开裂、倾斜甚至破坏，且往往成群出现，危害性很大，裂缝特征有外墙垂直裂缝，端部斜向裂缝和水平裂缝，内、外墙对称或不对称的倒八字形裂缝等。

对策：

常用的地基处理方法有换土、土性改良、灰土桩、水泥桩加固，以及防止地基土含水量变化等工程措施。对于城墙等文物建筑，建议将持力层范围内的膨胀土挖除，用砂或其他非膨胀土回填。对膨胀土地基，应做好地表的防渗与排水措施。

（9）盐渍土

岩土中易溶岩含量大于0.3%，并具有溶陷、盐胀、腐蚀等工程特性时，应判定为盐渍土。盐渍土主要分布在内陆干旱、半干旱地区，滨海地区也有分布。我国盐碱土主要分布在西北、华北和东北平原的低地、湖边或山前冲积扇的下部边缘以及沿海地带。

危害：

盐渍土中的盐遇水溶解后，土的物理力学性质指标均会发生变化，其强度指标明显降低，在自重和附加荷载的作用下易产生地基下陷；盐渍土地基在温度或湿度变化时，会产生体积膨胀，对文物建筑的安全造成危害；盐渍土中的盐溶液还会导致文物建筑材料的腐蚀等。

对策：

因盐渍土具有水敏性，隔断水分可有效减少盐分溶解、吸水结晶和体积膨胀，同时可阻止毛细水上升，切断盐分迁移通道。此外，当水分减少，盐分可在一定程度上增加地基强度，有利于发挥盐渍土的性能优势。目前常用的水分隔断措施为设置隔水层或土工布隔断层。

对城墙等文物建筑来说，消除盐分的措施主要是换填法和化学处置法。换土深度应保证去除盐胀、溶陷影响深度范围内的盐渍土，减少变形量，保证上部结构的稳定性。

四、水文地质调查

1. 周边水体调查

主要调查对象是文物建筑所在区域周边的大江、大河及湖泊的各项情况。

（1）河流。根据评价等级与河流的规模决定工作内容，其中主要有：丰水期、平水期、枯水期的划分；河段的平直及弯曲；过水断面积、坡度（比降）、水位、水深、河宽、流量、流速及其分布、水温、糙率及泥沙含量等；丰水期有无分流漫滩，枯水期有无浅滩、沙洲和断流；北方河流还应了解结冰、封冻、解冻等现象。如采用数学模式预测时，其具体调查内容应根据评价等级及河流规模按照模式及参数的需要决定。河网地区应调查各河段流向、流速、流量的关系，了解它们的变化特点。

（2）感潮河口。根据评价等级及河流的规模决定工作内容，其中除与河流相同的内容外，还有感潮河段的范围，涨潮、落潮及平潮时的水位、水深、流向、流速及其分布，横断面形状、水面坡度、河潮间隙、潮差和历时等。如采用数学模式预测时，其具体调查内容应根据评价等级及河流规模按照模式及参数的需要决定。

（3）湖泊、水库。根据评价等级、湖泊和水库的规模决定工作内容，其中主要有：湖泊、水库的面积和形状，应附有平面图；丰水期、平水期、枯水期的划分；流入、流出的水量；水力滞留时间或交换周期；水量的调度和储量；水深；水温分层情况及水流状况（湖流的流向和流速，环流和流向、流速及稳定时间）等。如采用数学模式预测时，其具体调查内容应根据评价等级及湖泊、水库的规模按照水质模式参数的需要来决定。

（4）降雨调查。应调查历年的降雨资料，并根据预测的需要对资料进行统计分析。

2. 地表水情况调查

对城墙等文物建筑影响较大的主要调查对象为护城河或距离较近的河流。以西安城墙护城河为例进行说明。

西安城墙外护城河初掘于唐末。在隋唐时期，因西安城墙是长安皇城，而皇城属于内城，为大城中的子城，且处于唐城北部中心地区，当时城墙外围并没有修掘护城河。直到唐末昭宗天祐元年（904）三月，佑国军节度使韩建改筑长安城，放弃了外郭城与宫城，仅以皇城改筑为新城。这时新城即原皇城已由以前的内城变为外围城，出于城市防御的需要，始在新城的城墙外环掘了一周的护城河，这就是西安护城河的早期工程。

[illegible]代、宋、金，元府城、路城相沿而用，并均有疏浚，导水入壕。[illegible]时期，京兆城护城壕的多次疏浚及其引水渠道龙首渠的多次疏通，说明当时省府地方官员对护城河防御工程的高度重视，也反映了护城河在巩固城防中所起的重要作用。

西安城护城河重大发展的第二个时期是明初的拓掘。明洪武七年（1374）西安城墙在原隋唐皇城的基础上向东、北两面拓筑的同时，随着城墙的外移，城周规模的扩大，亦延长拓掘了护城河。拓掘后的明代西安护城河，位于城墙外侧20m～60m，“壕深二丈”，合6.4m；“广八尺”，合2.56m，环城一周，共长“四千五百丈”，较之城墙周长“四千三百零二丈”，长“一百九十八丈”。并在护城河内沿筑有“高六尺”，合1.92m，“厚二尺”，合0.64m的壕墙一道，外逼壕堑，内为夹道，以增强护城河的防御作战能力。明初除拓筑了西安城外围的护城河外，还在营建的秦王府城的内城（砖墙）外围也修掘一道环城一周的护城河。

不同时期对护城河都有多次加宽加深和疏浚。作为古代城乡社会的重大工程之一，城池建修历来同国家与区域的政治、军事、经济状况等紧密相关。自明初以来，在西安城墙与护城河600余年的发展历程中，先后经历了逾30次较大规模的建设、修缮工程。

新中国成立后，城市规划使护城河改变了原有的战争防御功能。20世纪五十至八十年代，护城河纳入城市排水系统规划，主要起西安城区城市防洪和雨水调蓄功能，成为城市雨水调蓄库和泄洪干道。改革开放后，护城河的主要功能变成了景观美化。然而，随着城市发展，护城河污染严重，一湾臭水环绕城墙对周边环境产生了恶劣影响，为此护城河曾经历了四次大规模清淤治理工程。

20世纪80年代，西安市首次针对护城河开始大规模清淤、疏浚河道（图6-58），西安市政府委托部队官兵千余人清理河底污泥210000m^3，河道扩宽修整，河水水质得到改善。并对墙、河、林、路一并治理，保护历史文物，完成雨水排蓄系统，使环城总体景观得到了显著改善。可是好景不长，在污泥运输和堆放过程中，由于处理不善，对城市道路和污泥堆放点周边造成了二次污染。

图 6-58 20 世纪 80 年代护城河清淤现场

2003年，西安市委、市政府把护城河改造列入重要议事日程，下大力气治理护城河及周边景区。2004年，相关部门采取高压管道输送方式清理河底污泥，共铺设输送管道约20km，将污泥经过4级加压，排到雁翔路南段一废弃砖瓦窑，共清理淤泥130000m^3。可没想到的是，排放污泥的砖瓦窑周边的地下水受到污染，干燥发酵后的污泥产生的恶臭对当地环境也产生了恶劣影响。

2009年，西安市政府经过充分调研，再次对护城河部分河段（文昌门—西门、东门东北角）采取人工办法进行清淤。先将清理区域的水排干，工人将污泥装入编织袋后，放置十天半月，使编织袋中污水渗出，污泥固化，再运上河岸拉走。清淤后的水质的确得到一定改善，可一到雨季，河道淤泥淤积，河水又被污染。

2012年10月，启动实施了护城河试验段景观改造工程和南门历史文化街区综合提升改造等重点保护工程，实现了文物保护、交通改造、生态提升、文化展示、民生福祉等多方面的有机结合，取得了良好的社会效应，成为重大的文化工程、生态工程和民生工程。如今，西安护城河建国门至朱雀门段示范段碧波荡漾、画舫游弋，形成独具特色的“水上游览线”，环城公园四季花木成荫，成为市民群众的休闲好去处。

护城河的综合提升改造按照“六年四段五水域”施工，即利用6年时间，分4个阶段，完成了5个阶梯水域的建设。

全长2.45km护城河及环城公园（朱雀门—西门）改造工程2016年4月正式启动，2018年建成。

长约3.69km的西门—北门段改造，2018年启动，2019年建成。

长约2.46km的东门—中山门、中山门—尚勤门段改造，2019年启动，至2020年建成。

长约2.41km的尚勤门—北门段改造，2020年启动，至2022年建成。

护城河全段贯通后，8个水域全部实施智能化管理，充分利用西安市中水资源，采取水源水质净化、水体循环、人工湿地、水体接触氧化、底泥消解排放、景观水处理等六项措施，对护城河水体进行全面治理，彻底消除了护城河黑臭水体，改善护城河水质，节约用水，形成环城水景。水映古城，古今交融。建成后的护城河及环城公园形成“环城生态圈”，全面改善了城市环境，演绎了一水护城、碧带环郭、清水长流、绿树成荫的品质西安动人画卷（图6-59）。

图 6-59　改造后的西安护城河（2016 年）

西安护城河的营建和改造与城墙建设密切相关，时代的更替决定了其职能的衍变，未来进一步强化护城河及其环境的文化遗产与生态职能将成为一种历史必然。

护城河对西安城墙的影响详见第五章第二节。

3. 地下水情况调查

地下水情况以及对西安城墙的影响详见第五章第三节。

五、不良地质作用调查

在对城墙相关的不良地质作用深入研究之前，首先要明确有哪些不良地质作用是影响城墙病害的不利因素，再针对这些主要不利因素进行调研、钻探和试验。本书中主要针对的是西安城墙所面临的不良地质作用，对其病害影响较大的是活动断裂，推而广之，对全国不同的地域和地质条件，要有针对性地对不良地质作用进行研究。现对经常能够遇到的不良地质作用进行总结如下：

1. 岩溶

岩溶，是水对可溶性岩石（碳酸盐岩、石膏、岩盐等）进行以化学溶蚀作用为主，流水的冲蚀、潜蚀和崩塌等机械作用为辅的地质作用以及由这些作用所产生的现象的总称。由喀斯特作用所造成地貌，称喀斯特地貌（岩溶地貌）。中国喀斯特地貌分布广泛，类型众多，主要集中在云贵高原和四川西南部。

危害：

岩溶在我国是一种相当普遍的不良地质作用，在一定条件下可能发生地质灾害，严重威胁文物建筑的安全，特别是大量抽取地下水，使水位急剧下降，易引发土洞的发展和地面塌陷的发生，从而造成文物建筑地基的不均匀沉降，严重时会造成墙体开裂、失稳等极限情况发生。

对策：

对城墙等文物建筑设置圈梁，提高结构整体性。对于土洞或溶洞，因其往往成片或者连续分布，且内部与地下水联通，在调查清楚溶洞分布及地下水情况之后，才能进行有针对性地注浆等处理，否则易引起跑浆、污染地下水等环境问题。

2. 滑坡

滑坡是指斜坡上的土体或者岩体，受河流冲刷、地下水活动、雨水浸泡、地震及人工切坡等因素影响，在重力作用下，沿着一定的软弱面或者软弱带，整体地或者分散地顺坡向下滑动的自然现象。产生滑坡的基本条件是斜坡体前有滑动空间，两侧有切割面。例如中国西南地区，特别是西南丘陵山区，最基本的地形地貌特征就是山体众多，山势陡峻，土壤结构疏松，易积水，沟谷河流遍布于山体之中，与之相互切割，因而形成众多的具有足够滑动空间的斜坡体和切割面。广泛存在滑坡发生的基本条件，滑坡灾害相当频繁。降雨对滑坡的影响很大。降雨对滑坡的作用主要表现在雨水的大量下渗，导致斜坡上的土石层饱和，甚至在斜坡下部的隔水层上积水，从而增加了滑体的重量，降低土石层的抗剪强度，导致滑坡产生。不少滑坡具有“大雨大滑、小雨小滑、无雨不滑”的特点。

危害：

当文物建筑周围有滑坡隐患体存在时，文物建筑有倒毁、坍塌的风险，必须引起高度重视。

对策：

加强对滑坡体的监测，及时预警，特别是在多雨季节。滑坡的发生常和水的作用有密切的关系。水的作用，往往是引起滑坡的主要因素，因此，消除和减轻水对边坡的危害尤其重要，其目的是：降低孔隙水压力和动水压力，防止岩土体的软化及溶蚀分解，消除或减小水的冲刷和浪击作用。具体做法有：防止外围地表水进入滑坡区，可在滑坡边界修截水沟；在滑坡区内，可在坡面修筑排水沟。在覆盖层上可用浆砌片石或人造植被铺盖，防止地表水下渗。对于岩质边坡还可用喷混凝土护面或挂钢筋网喷混凝土。排除地下水的措施很多，应根据边坡的地质结构特征和水文地质条件加以选择。

3. 采空区

采空区是由人为挖掘或者天然地质运动在地表下面产生的“空洞”，采空区的存在使得文物建筑面临很大的安全问题。

危害：

当开采完成形成采空区后，在上覆压力和地下水等因素的作用下，开采区两侧的煤层软化，失去强度，导致上覆岩体塌陷、冒落，进而造成地表沉陷、开裂和塌陷。在采空区上部，文物建筑容易发生沉降量加大、不均匀沉降等问题，严重时文物建筑会有产生墙体裂缝、坍塌等危险。

对策：

对采空区区域和文物本体加强监测，及时预警。对于已经造成地面塌陷的采空区，及时进行封堵和充填。建立地压监测系统，采空区发生大的地压活动之前，一般都有一定的征兆，如地音、地震强度的变化等，通过对这些变化的监控，可以对地压活动进行一定程度的预报。

4. 地下水引起的地面沉降

本节讨论抽吸地下水引起水位或水压下降而造成的地面沉降。

危害：

地下水变化对城墙的影响详见第五章第三节。

对策：

减少地下水开采量和水位降深，调整开采层次，合理开发，当地面沉降发展剧烈时，应暂时停止开采地下水；对地下水进行人工补给，回灌时应控制回灌水源的水质标准，以防止地下水被污染；限制工程建设中的人工降低地下水位。

5. 活动断裂

活动断裂是指晚更新世以来一直在活动，现在正在活动，未来一定时期内仍会发生活动的断裂。活动断裂与现代构造活动是相连一体的，它是现代构造活动的一部分，与现代地球动力作用、地震活动和地质灾害紧密相关。

危害：

绝大多数强震震中分布于活断层带内。我们知道全球有两个大的地震带：环太平洋带和地中海—喜马拉雅带。两者释放的能量占全球地震总能量的95%，而这两个带部是活动的板块边界大断层带。地震带与活断层有着成因上的密切联系。活动断层带的存在和断层作用是产生地震和地震带分布的根本原因。

对策：

在充分搜集已有文献资料和进行航空相片、卫星、相片解译的基础上进行野外调查，开展工程地质测绘是目前鉴别活动断裂的最重要、最常用的手段之一。活动断裂都是在老构造的基础上发生新活动的断裂，一般来说它们的走向、活动特点、破碎带特性等断裂要素与构造有明显的继承性。因此，应首先对本地区的构造格架有清楚的认识和了解。野外测绘和调查可以根据断裂活动引起的地形地貌特征，地质地层特征和地震迹象等鉴别活动特征。

第三节　病害原因分析

病害原因分析按照内在原因和诱发外因进行分析。下面以西安城墙病害原因分析为例进行说明。

一、病害的可能内在原因

西安城墙墙体主要为“外砖内土式”结构，断面呈梯形，两侧均有护坡，且多为外侧陡峭，而内侧稍缓。根据机勘院对城墙进行的钻芯勘察成果，城墙结构如图6–60所示。

城墙病害发生的主要内因如下：

1. 内部夯土成分复杂，许多地方往往包含两个甚至更多时代的夯土层，不同时代的夯土层成分不同、化学组成不一，力学常数、黏结度、膨胀系数等各方面物理、力学性质存在差异，当外界环境发生变化时，不同土体间不能协同变化，产生差异变形。

2.地基条件与基础质量存在差异，导致基础不均匀沉降的发生。

3.夯土性质较差，一是密实性不足，表层仍具轻微湿陷性，抵抗不均匀沉降变形的能力很差。

4.城墙内部夯土、地基土主要成分为黄土，水敏性强，遇水时土体强度指标大幅降低，结构强度显著减少，易发生变形破坏。

5.城墙砌体结构材料易发生老化，城砖、夯土内部可溶盐在水分运移变化的影响下出现“溶解—结晶”循环，破坏结构。

6.城墙上局部荷载较大，导致局部夯土竖向、侧向应力增大。

7.历史上和近现代人们在城墙墙体、墙基及其附近一带地下挖洞，改变了墙体结构和地基条件。

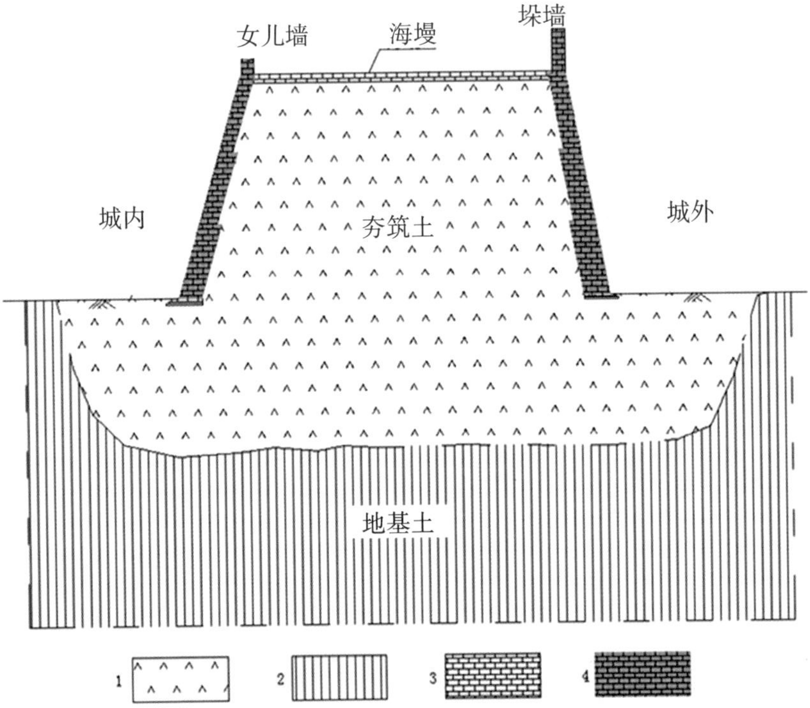

图 6-60 城墙结构示意图

二、病害的可能外部诱发因素

影响西安城墙的外因主要有两类：一是自然环境因素，一是人为因素。

自然环境因素包括洪水、雷击、断裂活动与地震、地面沉降与地裂缝、地下水、降雨（雪）、风、温度、湿度等。水的影响是其中最为重要的因素，水的来源包括降雨（雪）、地下水、地表水等。水的影响主要体现在以下几方面：（1）城墙内部夯土含水量增加，导致黄土强度指标大幅降低，结构强度显著减少，易发生变形破坏；（2）地下水、地表水、降雨是可溶盐的重要来源，水分中的可溶盐会引入砖构件内部，随着干湿交替的发生，会导致可溶盐的溶解再结晶过程的不断发生，最终导致城墙城砖泛盐、酥碱的发生；（3）酸雨冲刷作用是导致砖体之间的黏结物流失，砖体表面风化的重要因素；（4）水是微生物生长发育的重要条件；（5）西安冬季温度大多在0℃上下徘徊，冻融作用导致水在液态和固态间不断转变，液态的水变成固态的冰体积膨胀约9%，对孔壁产生的压力可达100MPa，导致孔壁胀裂，使原有裂隙进一步扩大，同时产生更多的新裂隙；（6）空气中的污染物以水为媒介，通过溶解、水化、水解、碳酸化、氧化等方式发生化学作用，产生新的矿物，空气中的CO_2、SO_2、H_2S等气体形成酸，腐蚀城墙墙体；（7）水位变化引起城墙内部土体附加应力的变化，导致竖向位移的发生。

人为因素主要包括战争、工程建设活动、城市发展、旅游开发利用等的影响。地铁建设、地面交通的急剧增长导致城墙所受环境振动影响增大；城墙旅游的大热，导致人流量增大，城墙上电瓶车、自行车增多，墙体负载增大，城墙上经常举行大型活动。这些都是城墙保护的不利因素。

根据长期工程实践经验，在西安城墙墙体病害成因中，水、防空洞及海墁荷载变化是其主要因素，而水的影响又主要为降雨和地下水水位变化。

三、墙体病害原因

（一）裂缝成因分析

产生裂缝的原因有很多，主要内因之一是夯土密实度不均。密实度不均主要历史原因是西安城墙内部夯土主体为明代所建，但在历次维修后，许多地方往往包含两个甚至更多时代的夯土层，这些不同时代的夯土层成分不同、化学组成不一，力学常数、黏结度、膨胀系数等各方面物理、力学性质存在差异，当外界环境发生变化时，不同土体间不能协同变化，经年累月，便会在内外两侧墙体上出现上宽下窄或中间宽两头窄的裂缝，在海墁沉陷区边沿出现裂缝；主要内因之二是地基不均和墙体结构变化处。西安城墙周长13.74km，地基基础均匀性差，城墙墙体与马面墙体、瓮城墙体、角台墙体的阴角或变截面处等应力集中点变形差异大，在其墙体上多形成下宽上窄的裂缝。

造成裂缝的主要外因有降雨等自然因素，周边微地质的改变以及人类活动的影响，已在本书第六章详述，此处不再赘述。

（二）变形成因分析

城墙墙体变形病害发生的主要原因有如下几点：

一是城墙内部夯土成分复杂，许多地方往往包含两个甚至更多时代的夯土层，不同时代的夯土层成分不同、化学组成不一，力学常数、黏结度、膨胀系数等各方面物理、力学性质存在差异，当外界环境发生变化时，不同土体间不能协同变化，产生差异变形。

二是局部区域夯土本身性质较差，密实性不足，表层仍具轻微湿陷性，抵抗不均匀沉降变形的能力很差。

三是内部夯土主要成分为黄土，水敏性强，遇水时土体强度指标大幅降低，结构强度显著减少，易发生变形破坏。

四是历史上和近现代人们在城墙墙体、墙基及其附近一带地下挖洞，改变了墙体结构。

五是城墙上箭楼、城楼等建筑荷载及游人、车辆等的长期荷载作用，分土体产生了侧向推力和竖向压力。

六是水的影响，包括地下水和降雨渗入的影响。

（三）表面风化成因分析

表面风化产生的原因主要有以下四个方面：

一是城墙盐分的不断溶解收缩、结晶膨胀、再溶解收缩、再结晶膨胀，在这个循环过程中破坏了墙体原有的晶体结构，严重降低了墙体力学性能，其结构就遭到破坏，晶体结构变得松散、强度降低，在遗址表面就会形成凹凸不平的结构面，凹凸不平的表面土体由于相互之间的连接作用减弱，在外营力的作用下表面薄弱部分渐渐出现粉化、脱落等现象。通过对西安城墙泛盐部位取样研究发现其成分多为NaCl、$NaNO_3$、无水芒硝、$Na_2SO_4 \cdot 10H_2O$等，其来源主要有三种，即城墙本身（包括城砖和内部夯土体）所含盐分、地下水中可溶盐和降雨中所含可溶盐。

二是水分作用，特别是酸雨冲刷，西安地区1～3月和10～11月降雨pH低，酸雨出现频率高，其中3、5、11月降雨pH最低，为4.2～4.4，随西安工业化发展，pH呈现降低趋势，酸雨出现频率增加。砖体与砖体之间的胶结材料，主要是白灰层和颗粒较大的砂粒，白灰层经过空气中二氧化碳作用形成碳酸钙，起到胶结作用。随着酸雨或雨水的长期冲淋，以及空气中二氧化碳、二氧化硫等气体增多，这些酸性气体与水分结合成碳酸和亚硫酸等，与碳酸钙作用形成可溶性的碳酸氢钙，随雨水流失。这些胶结物质流失后造成墙体剥蚀，甚至砖体不稳、脱落等病害。主要反应如下式：

$$CaCO_3 + H^+ \longrightarrow Ca^{2+} + CO_2\uparrow + H_2O$$

$$CaCO_3 + CO_2 + H_2O \longrightarrow Ca(HCO_3)_2$$

同时，水分的存在促进了盐分的溶解收缩和结晶膨胀，加剧了盐害的发生。此外，干湿循环的变化，即水分运移作用，更是盐分运移发生的必要条件，是盐害发生的重要帮凶。

三是温度，温差变化是城墙表面风化的一个重要因素，城砖内部组分复杂，而不同矿物之间膨胀系数不同，在温度发生变化时，砖体易因各部分变形不一致而产生裂缝；此外西安地区日温差较大，而砖是热的不良导体，当温度发生变化时，热量来不及传导，导致城砖表面与内部温度不一致，致使城砖各部分胀缩变形而在表面出现裂缝。此外，西安地区冬季寒冷，气温常在0℃左右，易发生冰劈作用，导致城砖表面出现微小裂缝。长年累月之下，这些因温差变化形成的裂缝逐渐发育，最终导致城砖逐渐被切割成小碎块，发生表面风化破坏。

四是其他因素，如风吹、日晒、动物的攀爬、营穴等造成的表面风化。

参考文献

［1］刘佑荣，陈中行，周丽珍.大型平原土体遗址主要地质病害及其保护治水工程技术研究［J］.文物保护与考古科学，2007（3）：11–15.

［2］陈永明，石玉成，王旭东.天水麦积山石窟地震构造环境评价［J］.敦煌研究，2005（5）：78–82.

［3］王昭文.大型矿产资源基地综合地质调查分析［J］.世界有色金属，2019（7）：90–92.

［4］韩文峰，王旭东，谌文武，李雪峰.初议文物古迹保护工程地质学架构［J］.工程地质报，2007（15）：155–161.

［5］李耀刚，傅志斌，武威.岩土工程勘察新领域——文物保护勘察的特点、工作方法和发展方向［C］.武汉：第二届全国岩土与工程学术大会，2006.

［6］吴超英，李乐，王峥嵘.古城墙变形破坏模式分类及识别［J］.工程地质学报，2017（4）：1132–1140.

［7］宗静婷.广元千佛崖摩崖石质文物保护的环境地质问题研究［D］.西安：西北大学，2011.

［8］机械工业勘察设计研究院有限公司.陕西省彬县大佛寺石窟博物馆大佛寺明镜台护楼维修加固岩土工程勘察报告书［R］.西安，2009.

［9］李俊连，郑建国，李忠明，高术孝，张炜，樊大可，叶梅.西安城墙地铁二号线穿越区段现状勘察简介［R］.工程勘察，2008（S1）：114–119.

［10］郑建国，李俊连，钱春宇.西安城墙现状与保护［M］.西安：西安交通大学出版社，2017.

［11］〔宋〕王钦若.册府元龟［M］.影印本，北京：中华书局，1960.

［12］〔唐〕魏徵，令狐德棻. 隋书［M］.北京：中华书局，1973.

［13］刘满平.基于文献的宇文恺生平考［J］.榆林学院学报，2012，22（2）：74–75.

［14］〔唐〕李吉甫.元和郡县图志［M］//纪晓岚.影印文渊阁四库全书.台北：台湾商务印书馆，1983.

［15］马正林.唐长安城总体布局的地理特征［C］//历史地理（第3辑）.上海：上海人民出版社，1983.

［16］〔清〕徐松，撰.张穆，校补.唐两京城坊考［M］北京：中华书局，2019.

［17］董鸿闻，刘起鹤，周建勋，等.汉长安城遗址测绘研究获得的新信息［J］.考古与文物，2000（5）：39–49.

［18］〔北宋〕王钦若，杨亿，孙奭，等，编.册府元龟［M］.南京：凤凰出版社，2006，卷十三.

［19］〔宋〕宋敏求，撰.阎琦，李福彪，姚敏杰，校点.长安志·长安志图［M］.西安：三秦出版社，2013.

［20］中国社会科学考古研究所西安唐城工作队.唐长安皇城含光门遗址发掘简报［J］.考古，1987（5）：441–480.

［21］〔元〕托克托.宋史［M］//纪晓岚.影印文渊阁四库全书.台北：台湾商务印书馆，1983.

［22］西安市文物局.西安市钟鼓楼广场发现一批金代官印［J］.考古与文物，1999（3）：6.

［23］马得志.西安元代安西王府勘查记［J］.考古，1960（5）：20.

［24］〔清〕托津.明鉴［M］.精刊本，1818年（嘉庆二十三年）.

［25］〔明〕胡广.明太祖实录［M］.江苏国学图书馆传抄本.

后记

西安城墙是明洪武年间在唐长安城皇城基础上向东、向北拓建而成的，是我国现存规模最宏大、保存最完整的古代城垣建筑之一，凝聚了中国古代劳动人民的智慧，为研究明代历史、军事和建筑艺术提供了重要的实物资料，历史、艺术、科学等文物价值较高。然而，经历了六百余年的自然环境变化与人类活动，历经沧桑的古城墙已脆弱不堪，身上布满了裂缝与空洞，需要文物保护工作者辛勤守护，不断的维修与保护，使他能够和西安这座城市一样持续不断散发活力。

作者十余年来多次参与西安城墙勘察与保护工作，发现西安城墙保护范围内的地形地貌、土的湿陷性、地震作用与地裂缝、地下水变化等都可能会对城墙造成不利的影响。尤其是随着城市人口不断增加，城市规模不断扩张，人类生活生产活动都会像蝴蝶效应一样影响着城墙周围微地质条件的变化，从而影响城墙的安全。因此对城墙保护范围的微地质条件研究就显得尤为重要。

在工程实践过程中，我们积累了大量关于城墙保护范围内地形地貌、地基土层、土的湿陷性、地裂缝和地下水等相关微地质条件资料，通过对这些微地质条件的内容进行统一整理、归纳总结，进而形成一套完整的西安城墙微地质条件系统。本书不仅可以作为基础资料了解城墙所处地质环境和周围不良地质条件，还可以作为未来城墙保护工作中的工具书使用，增强从事城墙保护工作人员的全面性和专业性。同时，对城墙保护范围内微地质条件研究也属于预防性保护工作的一部分，能够提高城墙保护工作的针对性与管理效率。

本书收集了机械工业勘察设计研究院有限公司城墙保护区域的勘察报告68份，城墙周边监控区域的工程勘察报告26份，陕西省水利电力勘测设计研究院的护城河改造工程勘察报告7份，共计101份资料。面对这些海量的资料，不仅要统一标准进行归纳，而且要相互印证、核实，在取得基本资料的基础之上，还要对其进行分析和判断。作者在整理这些资料的基础之上，对城墙的微地质条件分类研究，总结了城墙所处区域地形地貌变迁、地层分布及其土的湿陷性、地震作用和地裂缝、城墙周边水体调查和地质条件分级评估等五个方面的研究内容，并研究形成了一套城墙地质条件调查方法，可以具体地指导城墙保护过程中地质条件分析和判断。

在书稿整理编辑的两年多时间里，作者多次与西安城墙管理委员会和其他参与城墙保护的兄弟单位成员沟通和探讨，群策群力找出影响城墙微地质环境的重点和难点因素，对其进行多角度思考和分析，并对搜集到的地质条件资料多方印证和核实，确保本书提供地质条件资料的准确性与可靠性。

本书研究与成稿过程中，得到了机械工业勘察设计研究院有限公司和西安城墙管理委员会各级领导的支持，以及参与西安城墙勘察的各兄弟单位的配合和协助，让编者能以不竭之力，完成本书的编写，在此一并感谢。

本书研究编写时，研究深度有限，主要是由于西安城墙保护范围内大部分区域尚无勘察和地质条件资料，取样样本有限，且勘察深度有限，如有纰漏，请各位读者批评指正。作者将继续在西安城墙保护工作中不断收集西安城墙保护范围内地质条件资料，并坚持长期研究，在条件成熟时再版，以飨读者。

作 者

2022年7月 西安